Como a PNL mudou minha Vida

Copyright© 2019 by Editora Leader
Todos os direitos da primeira edição são reservados à Editora Leader

Os artigos publicados nesta obra refletem a experiência e o pensamento de cada coautor, não havendo necessariamente relação direta ou indireta, de aceitação ou concordância, com as opiniões ou posições dos demais convidados.

Diretora de projetos:	Andréia Roma
Revisão:	Editora Leader
Capa:	Editora Leader
Projeto gráfico e editoração:	Editora Leader
Livrarias e distribuidores:	Liliana Araújo
Atendimento:	Rosângela Barbosa
Gestora de relacionamento:	Juliana Correia
Organização de conteúdo:	Tauane Cezar
Diretor financeiro:	Alessandro Roma

Dados Internacionais de Catalogação na Publicação (CIP)
Bibliotecária responsável: Aline Graziele Benitez CRB-1/3129

C728   Como a PNL mudou minha vida / [Coord.] Andréia Roma,
1. ed.   Ricardo Abel – 1 ed. – São Paulo: Leader, 2019.

ISBN: 978-85-5474-045-0

1. PNL - Programação Neurolinguistica.

I. Roma, Andréia. II. Abel, Ricardo. III. Título.

CDD 410

Índices para catálogo sistemático:
1. Programação neurolinguistica

2019

Editora Leader Ltda.

Escritório 1:	Escritório 2:
Depósito de Livros da Editora Leader	Av. Paulista, 726 – 13° andar, conj. 1303
Rua Nuto Santana, 65, sala 1	São Paulo – SP – 01310-100
São Paulo – SP – 02970-000	

Contatos:
Tel.: (11) 3991-6136
contato@editoraleader.com.br | www.editoraleader.com.br

Agradecimentos

Este ano de 2019 está sendo, para a Editora Leader, dos mais auspiciosos, em função da oportunidade de incrementar nosso portfólio com publicações e projetos que têm levado ao sólido crescimento de nosso empreendimento.

Mas nosso sucesso não poderia acontecer sem a parceria de profissionais de renome, de várias áreas, que compartilham seu conhecimento e, ao mesmo tempo, deixam seu legado para as futuras gerações.

Assim, começo meu agradecimento a Ricardo Abel, que realizou a coordenação ao meu lado e também assina com brilhantismo um dos capítulos. Além de parceiro neste projeto, ele nos brinda com uma história emocionante de como deixou sua carreira executiva para se tornar *trainer* em PNL. Uma linda e inspiradora transição para nossos leitores que pretendem se dedicar ao desenvolvimento humano através da PNL, esse "processo educacional sobre como usar melhor o nosso cérebro", como explica um de seus criadores, Richard Bandler.

Meu sincero agradecimento a cada um dos coautores, que nos dão o privilégio de conhecer suas trajetórias e transformações através da PNL, de diferentes maneiras. São eles Alexandra Ester Vaz, Anderson Abucater, Bruno de Lima de Sousa, Camila Paulozzi de Melo, Diego Marques, Edina Esmeraldino, Fernando Oliveira, Gislaine Cavalcante, Maiara Pires, Márcia Garcia Gervasi, Marcionilia Freire, Maria José Alves da Silva Normando, Renise La-Cava Veiga Gomes e Rodrigo Guimarães.

Agradeço por sua participação realizada com muita seriedade e por dedicarem parte de seu tempo a compartilhar conhecimento, experiências e sugestões que se constituem num manual para quem deseja se dedicar a esse processo que tem sido utilizado para mudanças breves e objetivas nas pessoas, tanto em relação a questões emocionalmente complexas como questões comportamentais mais simples.

Agradeço por contribuírem para que o mercado editorial siga sempre renovado e continue a ocupar o espaço devido na formação de nossos leitores.

Finalizo agradecendo a todos que, direta ou indiretamente, participaram de mais este projeto de sucesso da nossa Editora.

É com gratidão e carinho que desejo uma boa leitura a todos que nos prestigiam.

Andréia Roma
CEO e Diretora de Projetos da
Editora Leader

Introdução

Afirmar que a Programação Neurolinguística (PNL) opera transformações importantes nas pessoas de modo que atinjam seus objetivos, realizando-se pessoal e profissionalmente, pode parecer um tanto distante da realidade. No entanto, os coautores deste livro mostram como isso é possível por meio do relato de suas próprias experiências.

A trajetória de cada um dos 14 profissionais compartilhada nesta obra vai motivar e inspirar os leitores, que terão muitos motivos para aprofundar seus conhecimentos sobre essa ferramenta que tem beneficiado muitas pessoas ao redor do mundo.

Os coautores falam de "um despertar" com a PNL, por exemplo, em momentos difíceis, em que nada parecia estar dando certo na maioria das áreas da vida.

A obra também mostra em detalhes o que a PNL mudou nas pessoas, através da soma de conhecimentos de diferentes ciências que engloba, sempre mediante objetivos definidos pela própria pessoa. E, como ressaltam nossos coautores, a transformação é real, duradoura e eficaz.

O leitor vai entender, acompanhando cada capítulo, como as transformações ocorrem e podem beneficiar qualquer pessoa, mas também vai perceber que a maioria das que têm contato com essa metodologia sente necessidade de compartilhar seu conhecimento e se torna especialista, muitas vezes até mudando de carreira.

Nesta obra são exemplares e inspiradores os relatos de pessoas que mudaram até mesmo seus hábitos alimentares e de procrastinar quase tudo na vida por meio da PNL e aconselham aos leitores que sejam os autores das suas vidas, tomem as rédeas e se mexam!

Nos 15 capítulos a seguir, estão descrições de mudanças que vão servir de orientação para quem deseja se profissionalizar na área ou para quem já atua como terapeuta, por exemplo, e quer se aprofundar no tema.

Você, leitor, terá aqui o aspecto científico, de como a PNL age internamente, buscando os recursos que estão dentro da própria pessoa, mas também o aspecto humano, conhecendo as trajetórias de pessoas abaladas e enfraquecidas emocionalmente que se recuperaram e mudaram o rumo de suas vidas. E ainda poderá conhecer diversos fundamentos básicos da PNL que podem mudar a sua vida também.

Ao fazer a leitura desta obra serão muitos os aprendizados que você, leitor, terá absorvido conhecendo a PNL. E poderá enfrentar os mais diferentes desafios da melhor forma possível, graças aos recursos oferecidos por ela.

Ricardo Abel e Andréia Roma
Coordenadores

Sumário

1. Um despertar com a PNL 11
   Alexandra Ester Vaz

2. O que a PNL mudou em minha vida 19
   Anderson Abucater

3. De lagarta a borboleta 25
   Camila Paulozzi de Melo

4. Da PNL à construção de alicerces
   de prosperidade 33
   Diego Marques

5. Como está sua vida? 41
   Edina Esmeraldino

6. Uma linda jornada chamada Viver! 51
   Fernando Oliveira

7. Transformando vidas com PNL 61
   Gislaine Cavalcante

8. Hora de limpar e reprogramar o sistema 71
   Maiara Pires

9. Como acessar seu eu interior 81
   Márcia Garcia Gervasi

10. Programação Neurolinguística como meio
    de vida plena e consciente 89
    Marcionilia Freire

11. Minha metamorfose através da PNL 97
    Maria José Alves da Silva Normando

12. PNL me fez sentir mais e estar
    intensamente presente... 105
    Renise La-Cava Veiga Gomes

13. Como conquistar uma Vida Plena, AGORA! 113
    Ricardo Abel

14. PNL, um despertar para a vida! 127
    Rodrigo Guimarães

Um despertar com a PNL

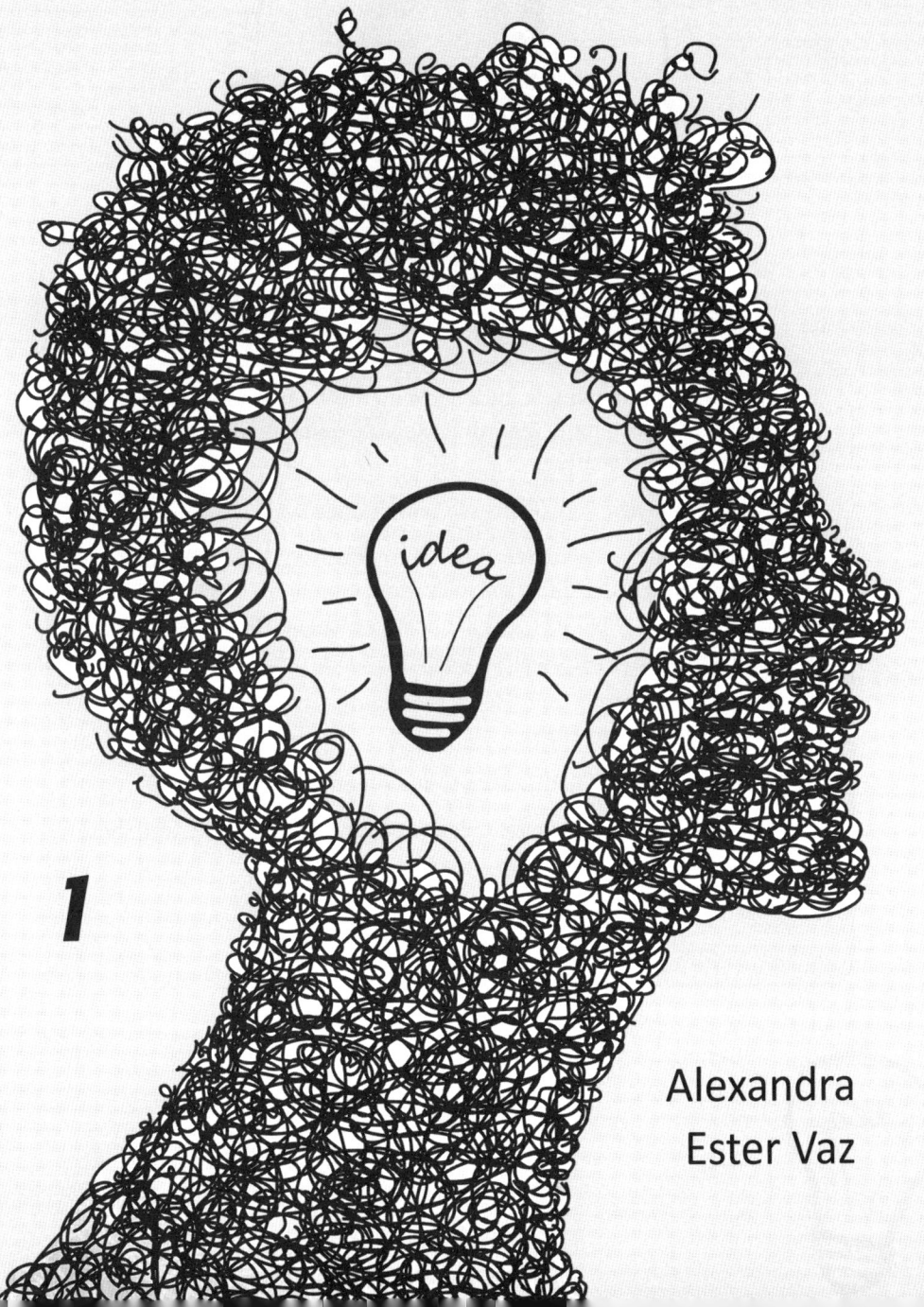

1

Alexandra
Ester Vaz

Alexandra Ester Vaz

Atua com comportamento e desenvolvimento humano há 14 anos na Psicologia, no Coaching e Mentoria. Realiza treinamentos *in company* para líderes. É palestrante.

Psicóloga formada pela Furb (Fundação Universidade Regional de Blumenau).

Master Practitioner em Programação Neurolinguística pela SLADH (Sociedade Latino Americana de Desenvolvimento Humano). MBA em Gestão Empresarial e Coaching na FESPSP (Fundação Escola de Sociologia e Política de São Paulo).

Formação em Mentoring pela Global Mentoring Group em Cambridge em 2018, e em Londres em 2019.

Master Coach pela SLAC (Sociedade Latino Americana de Coaching).

Pós-graduada em Saúde Mental Coletiva pelo ICPG (Instituto Catarinense de Pós-Graduação).

Contato:
E-mail: alexandraestervaz@gmail.com

Um despertar com a PNL

Começar algo que você nunca fez antes é muito difícil, mas é possível! Aqui estou eu, escrevendo, editando e refletindo a minha primeira experiência de escrever um livro sobre as mudanças que a Programação Neurolinguística fez na minha vida. Eu pensei muito sobre como poderia contribuir com a coautoria deste livro, que tem a participação de tantos profissionais competentes e, mesmo parecendo simples, é difícil. O sentimento é mais uma vez de muita gratidão a todos pela oportunidade de poder refletir minha escolha, pelo aprendizado que acontece a cada nova experiência e principalmente pela realização do meu propósito.

Quando citei realizar meu propósito, talvez esteja falando da principal mudança que a PNL fez na minha vida e que merece ser tema central deste capítulo. A PNL me trouxe muito mais que conhecimento, técnica e ferramentas importantes para minha atuação profissional. Ela me deu amigos de muitos lugares do Brasil e até de fora, me alinhou ao meu propósito, minha essência e isso pode ter feito total diferença. Minha vida profissional não começou com a PNL, começou há cerca de 14 anos, mas ganhou um diferencial a partir da PNL. Eu sempre aproveitei as oportunidades que estiveram ao meu alcance desde a formação em Psicologia e atuei profissionalmente nas diferentes áreas da Psicologia (Clínica, Hospitalar, Ambulatorial, Saúde Mental, Organizacional etc.). Sempre tive sede de aprender e a sensação de que ainda faltava alguma coisa, de repente, outra forma de lidar com o ser humano e seus problemas. Saber que não sei é o pensamento que segue comigo nesta jornada e me levou a conhecer um pouco mais a PNL em 2016 na formação em Coaching.

A formação em Coaching foi o primeiro contato que tive mais próximo com a PNL, apesar de ter sido uma abordagem superficial e nessa época minha busca era para retomar minha vida profissional, que parecia desmoronar, buscar conhecimento, técnica e ferramentas que me apoiariam para ajudar outras pessoas. A princípio não via oportunidade de me beneficiar com a PNL e foi exatamente o contrário que aconteceu. Vivia um momento bem difícil, em que nada parecia estar dando certo na maioria das áreas da vida, mas hoje percebo que tudo fez muito sentido. Nessa fase eu não estava realizada profissionalmente, financeiramente não havia resultados equilibrados entre ganhos e investimentos, emocionalmente as coisas não iam bem há algum tempo devido a uma série de acontecimentos da vida pessoal e profissional. Não preciso dizer que a saúde, de forma geral, mesmo "parecendo boa", estava totalmente comprometida. Estudar foi a melhor alternativa que eu vi naquele momento. Quando tudo parecia estar dando errado e eu não sabia exatamente por onde começar, só sabia que precisava de alguma mudança urgentemente. Foi nessa fase, então, que me inscrevi numa formação de Coaching e na sequência em um MBA para o qual eu iria me deslocar de Santa Catarina para estudar uma vez por mês em São Paulo, durante um ano. A formação em Coaching me causou uma necessidade de saber mais e, embora muitas coisas estivessem desconfortáveis, foi o que me moveu na busca do conhecimento. Com a sensação de que precisava saber mais dessa tal de PNL, foi então que me inscrevi para o Practitioner em Programação Neurolinguística e fui novamente para São Paulo, desta vez para um curso de oito dias consecutivos que eu chamo do primeiro despertar de consciência. A partir daí a atuação na Psicologia, no Coaching e tudo mais que eu faço não foi mais igual e as coisas começaram a fazer outro sentido para mim, e também para quem eu atendo.

A PNL veio inicialmente como uma metodologia que iria me fornecer mais e melhores condições para minha atuação, me preparei para estudar modelos de pensamentos, estratégias que geram ações e através da reprogramação leva a resultados. Esse era meu conhecimento prévio acerca da PNL, mas na primeira aula tudo foi diferente da expectativa, foi muito mais prática do que teoria, nada como a maioria dos cursos que fazemos e isso fez total diferença, pois foi nessas práticas que encontrei respostas para muitas das minhas questões. Principalmente porque foram essas experiências que possibilitaram o enquadramento de crenças, perdão, ponte para o futuro, entre outras ferramentas que contribuíram para a ressignificação necessária às mudanças. Contudo, o entendimento de que o ser humano tem infinitas possibilidades de ser feliz e de conquistar o que quer, como se as fichas fossem caindo, uma após a outra, muitas e rapidamente, pois esse conhecimento e experiência me fizeram pertencer ao mundo novamente, como se tudo começasse a ter cor e fazer sentido outra vez.

Você deve estar lendo e pensando onde e quando vai entender o resultado, a mudança de vida, ou pode pensar que estou ignorando os sonhos e experiências anteriores. A resposta é simples: se eu fosse contar todos os encontros e desencontros, escreveria um livro inteiro, mas claro que havia vários sonhos antes e também várias conquistas. A grande questão aqui é contar que eu nem sempre fui assim como eu sou hoje e focar exatamente como se iniciou o processo de transformação.

Teoricamente todos nós somos iguais como pessoas, embora com diferenças físicas. Pensando assim podemos fazer uma analogia com computadores, comparar duas ou três máquinas iguais, que se ligadas simultaneamente nem sempre irão responder com o mesmo desempenho. Os programas, ou *softwares*, podem ser iguais e funcionar de forma diferente por vários motivos e condições. Isso me leva a refletir que o racional, por si só, não basta. Precisamos estar alinhados racional e emocionalmente para que haja equilíbrio, harmonia e fluxo. Então, ter pernas, braços, cabelos, olhos etc. não nos garante que vamos ser felizes, ou teremos sucesso, porque nosso estado emocional nos diferencia muito uns dos outros.

Antes desta fase eu sonhava com várias coisas, mas não executava, pois nada estava preparado, nem bom o suficiente para ser colocado em prática. Depois da experiência com a PNL entendi que o diferencial entre as pessoas que alcançam a felicidade e as conquistas materiais está exatamente aí. Não basta querer algo racionalmente como faz a maioria das pessoas, pois isso é apenas como um sonho distante da realidade. As pessoas pensam, como eu também pensei durante muito tempo, que a conquista de algo material é que garante a felicidade e, no entanto, ser bem-sucedido não tem absolutamente nada a ver com ser feliz. Uma pessoa pode ter tudo que quiser e não ter felicidade. Isso se explica através da PNL de uma forma muito clara, propósito, pois a felicidade é um estado emocional e, sendo assim, independe de qualquer fator externo. Esse foi o primeiro grande ensinamento que a PNL me trouxe: não existe nada fora, tudo está dentro de nós e os resultados vêm a partir da atitude.

Alguns ensinamentos da PNL foram fundamentais para esse processo de tomada de consciência e um deles foi que sempre há uma intenção positiva em tudo que acontece. A partir desse pensamento desenvolvemos mais empatia, tolerância, buscamos alternativas e mudamos. Outro muito importante pra mim foi poder perceber em que tempo vivemos. Sim, exatamente isso, parece simples e nem sempre é. Muitas vezes estamos remoendo acontecimentos, revivendo pensamentos e sentimentos do passado, outro momento, estamos com as preocupações e ansiedades de um futuro que nem sabemos se vai chegar. Além disso, há os momentos em que estamos preocupados com os outros, com o que eles pensam, dizem a nosso respeito, como eles nos avaliam etc. O que nós menos fazemos é viver o presente e é no presente que devemos viver! Quando conseguimos nos manter no presente, conseguimos também manter o foco onde as coisas acontecem de fato, onde a vida se resolve e acontece. Os problemas existem no passado, quando algo deu errado e revivemos aquilo até quando não deveria mais fazer sentido, ou lá adiante no futuro, caso... ou se... pode ser um sofrimento pré-agendado, pois nos programamos para que aquilo aconteça, enquanto deveríamos estar agindo para que seja diferente.

Antes de escrever o capítulo deste livro eu recusei escrever outro justamente porque não me considerava boa o suficiente, mas não foi apenas essa a única oportunidade que eu deixei passar. Foram trabalhos, cursos e várias outras atividades, cada uma com a sua devida desculpa, pois assim como outras pessoas eu estava limitada por crenças, que mesmo querendo racionalmente e lutando para ser diferente não sabia das minhas condições emocionais, desconhecia meus recursos. Voltando à analogia dos computadores, era como se meu *software* (emocional) precisasse de uma atualização, ou uma reprogramação.

Foi necessário utilizar as ferramentas da PNL inicialmente, de forma forçada, programada, até se tornar um hábito e entrar no modo automático. Antes eu nunca escrevia minhas metas, o que queria alcançar, os planos eram pensados e a maioria não passava de sonhos e vontades. A primeira grande conquista foi plantada na formação de PNL em setembro de 2017, quando recebi o convite para fazer a primeira formação internacional. Seria em fevereiro do ano seguinte, tempo suficiente para me organizar, mesmo ainda cheia de receios, dúvidas, medos e as velhas desculpas, mas com vontade de fazer parte desse novo universo. Mesmo no modo forçado, eu comecei a utilizar tudo que havia aprendido e começaram os primeiros registros, sim, planos feitos no papel com data, hora, imagens. Comecei a pesquisar sobre passagem, hospedagem e a criar roteiros e as estratégias que me levariam até lá. Alguma dúvida? Eu fui! A experiência foi incrível, desde a superação de estar desacompanhada e não me sentir sozinha, da transformação pessoal que me ensinaram exatamente que: a distância entre mim e aquilo que eu quero é exatamente o tamanho das histórias em que eu acredito. Hoje eu creio muito mais nas histórias que me apoiam, aprendi que posso realizar tudo que sonho, se eu criar condições para que aconteça. Essa experiência foi fundamental, pois foi a materialização de tudo aquilo que eu vinha trabalhando há algum tempo, me mostrou o que somos capazes quando estamos alinhados e como a vida se torna mais leve e fácil quando assumimos as rédeas.

O desejo de aprender não para por aí. Em meados de 2018 fiz o Master Practitioner e comecei a desenvolver a experiência prática de atender pessoas com seus problemas reais, o que tem me proporcionado o desenvolvimento de habilidades e da minha flexibilidade, tanto para o atendimento terapêutico como também contribui nos processos de Coaching, pois acredito que este é um processo de transformação que leva ao alcance de objetivos, mas que, se o foco for apenas atingir a meta, muito provavelmente não terá resultados duradouros, muito menos aprendizado para o futuro. Realizando o trabalho com esta consciência, tenho percebido resultados expressivos, duradouros, que, segundo relato de clientes, me permitem acreditar cada vez mais que estou no caminho certo.

Tenho plena consciência de que conquistar essa mudança não é um esforço único, tudo isso é devido a um outro estilo de vida assumido, outro modelo de pensamento e ação. Também não tenho a ilusão de que a PNL sozinha tenha o poder de realizar tudo isso, o que eu acredito é que, sim, a PNL junto com todo conhecimento e experiência me permitiu aplicar na minha vida minhas necessidades e que é possível iluminar a alma de outras pessoas. Não podemos esperar que um planejamento, como esses de início de ano, seja fixo e dispense acompanhamento, ajustes, ou cuidados. Nós somos exatamente aquilo a que nós mesmos damos ouvidos e é justamente por isso que necessitamos de hábitos físicos e emocionais saudáveis, pois o que nos garante a felicidade é a certeza. Para ter um estado emocional seguro, precisamos ter a máxima dedicação e compromisso, que nos requer alimentar nossos pensamentos, nosso corpo e, além do movimento, ter muita disciplina.

O que a PNL mudou em minha vida

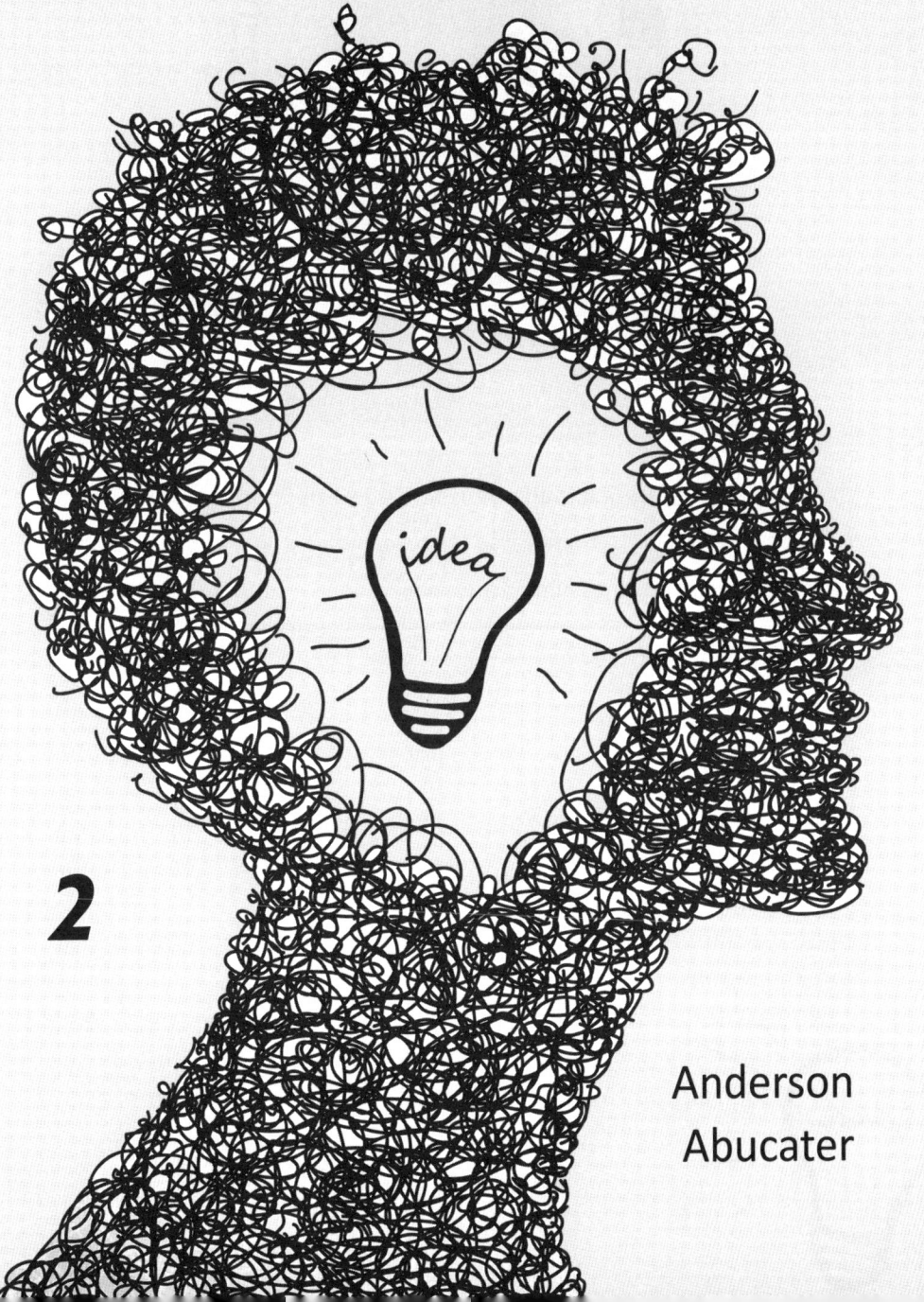

2

Anderson
Abucater

Anderson Abucater

Tem 36 anos, é empresário, há 12 anos. Life Coaching;

Analista Comportamental;

Mentoring Negócios e Inovação (Vale do Silício, Califórnia);

Practitioner em PNL (Programação Neurolinguística);

Trainer em PNL (Buenos Aires, Argentina).

O que a PNL mudou em minha vida

Desde muito novo, sabia que era necessário algo extraordinário para que minha vida tivesse o êxito que tanto esperava. Mas não sabia o que de fato me levaria a isso. Hoje compreendo melhor o que me trouxe a alcançar resultados surpreendentes na minha existência. Utilizei estratégias e ações, mesmo sem saber que isso são ferramentas da PNL (Programação Neurolinguística), de uma maneira intuitiva, e assim consegui acessar os recursos para alcançar os resultados desejados.

A mudança de vida só acontece quando agimos

A ação traz resultados, isso é um fato. Para pra pensar, a partir do momento que tomamos uma decisão e começamos a agir, as coisas passam a acontecer e alguma resposta você terá, seja positiva ou negativa, mas terá um resultado daquele movimento.

A PNL me fez entender que todos os recursos para alcançar meus objetivos estavam disponíveis e bastaria acessá-los para conseguir êxito no meu objetivo. Isso trouxe mais compreensão do meu potencial, e em consequência mais arrojo, flexibilidade e discernimento, tornando minhas decisões mais assertivas.

A Programação Neurolinguística se mostrou uma ótima ferramenta para o mix de recursos que eu precisava para ir além. É focada em mudanças pontuais, objetivas e duradouras. Também pode ser utilizada para questões comportamentais e mentais, desde uma dificuldade em falar em público ou insegurança para realizar provas, até outras bastante complexas como: fobias, vícios, depressão, autoestima.

Você irá potencializar o desenvolvimento humano nas mais diferentes questões pessoais. Ela soma conhecimentos de diferentes ciências a fim de obter resultados de transformação perante objetivos definidos pela própria pessoa. A transformação é real, duradoura e muito eficaz – a PNL me ajudou a fazer esta transformação.

Você é o piloto e está no comando, o rumo da sua vida só pertence a você!

Na minha jornada pela vida, venho conhecendo muitas pessoas, muitos lugares incríveis e únicos. No entanto, a minha maior viagem foi para dentro de mim mesmo. O meu mais importante destino, rota e investimento. Hoje, eu comando a minha trajetória e sei exatamente o percurso que quero fazer.

O que consegui com a PNL

1º: Ser mais assertivo e confiante. Na Psicologia, assertividade pode ser descrita como "uma autoexpressão direta, firme, positiva e, quando necessário, persistente – destinada a promover a igualdade nas relações pessoa a pessoa" (ALBERTI & EMMONS, 2008).

2º: Mais organizado mentalmente e com estratégia para conseguir o que quero. Sei que os recursos estão disponíveis, basta acessá-los.

3º: Congruência com meus objetivos. Aprendi a alinhar meus níveis neurológicos e saber se algo que quero está em harmonia com minha vida.

4º Comunicação mais eficaz. A PNL é uma ferramenta de comunicação baseada na maneira como o cérebro funciona e aprende. A linguagem não verbal corresponde a mais de 50% da comunicação, 38% ao tom de voz e 7% a palavras.

Essa visão sistêmica que a Programação Neurolinguística traz é um dos fatores-chave para desenvolver uma aprendizagem mais rápida e eficaz, uma comunicação mais assertiva e um melhor crescimento pessoal. Comigo foi exatamente assim: defini, alterei e mudei minhas ideias e posturas diante das questões que me impediam de crescer. Foi preciso coragem e atitude para me transformar.

De lagarta a borboleta

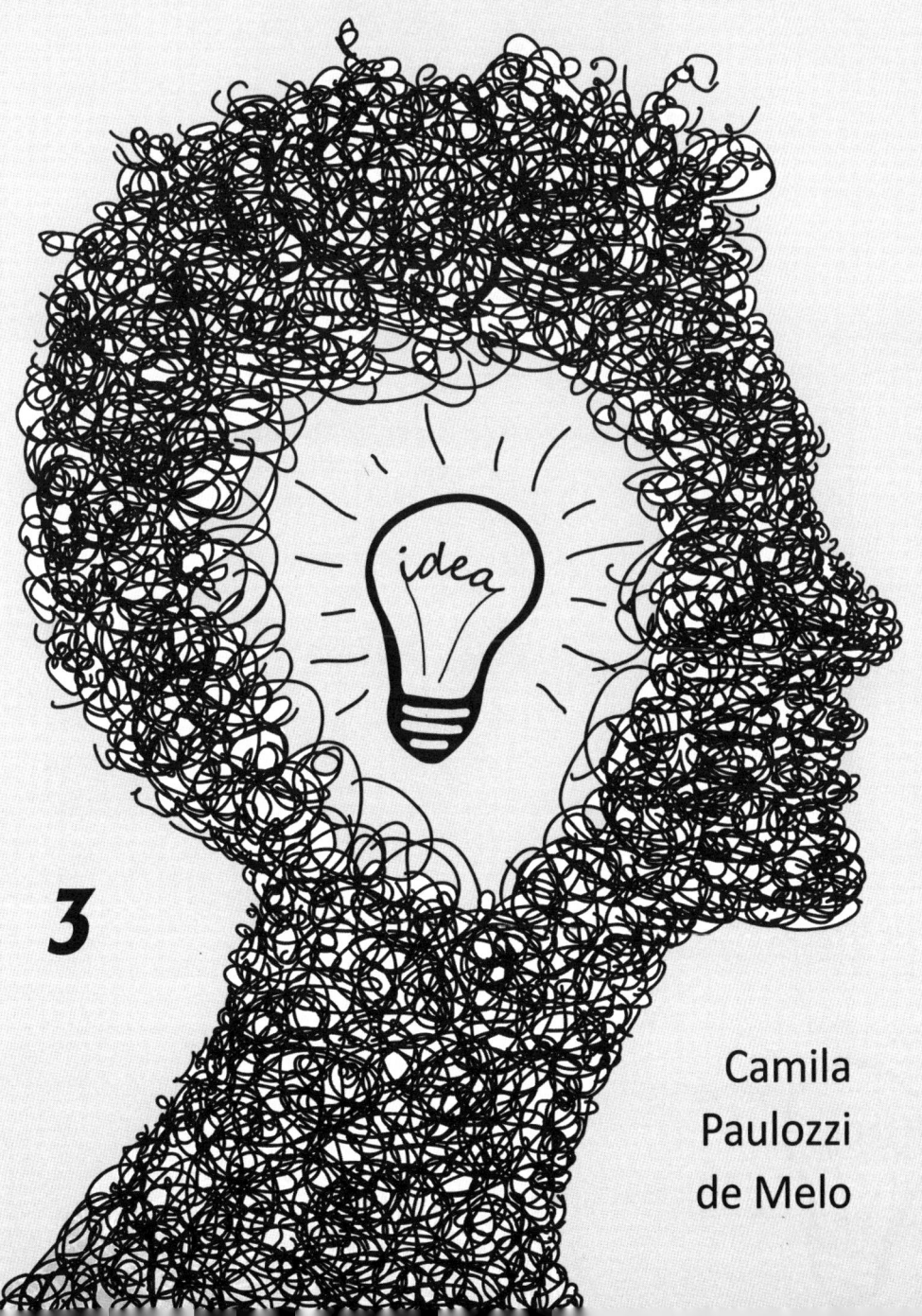

3

Camila
Paulozzi
de Melo

Camila Paulozzi de Melo

Terapeuta Ayurveda, Reikiana, estudiosa de plantas medicinais brasileiras, fascinada pelo conhecimento e dedicada em transformar vidas, incentivando o autoconhecimento, a busca pela saúde e qualidade de vida. Formada em Ciências Contábeis, com MBA em Gestão Empresarial e Coaching, é Master em PNL, Master Coach, com certificação reconhecida pela International Association of Coaching – IAC, analista das ferramentas de *assessment*, DISC®, *Assess e Sixseconds* e coautora do livro *A Elite do Coaching no Brasil* – v.2.

Contato:

E-mail: camilapaulozzi@gmail.com

Instagram: camilapaulozzi

De lagarta a borboleta

"O conhecimento de qualquer tipo causa uma mudança na consciência de onde é possível criar novas realidades."
Deepak Chopra

Quando fui convidada para participar deste projeto fiquei extremamente feliz, pois tudo que vivenciei com a PNL realmente mudou minha vida. Poder compartilhar minha história e, com isso, incentivar muitos outros a buscarem uma mudança é recompensador. Contudo, incoerentemente, me deparei com um porém; lembrar-me de quem realmente era, antes de toda esta transformação não foi tão simples como imaginava. O que experienciei foi tão intenso que tenho a sensação de que nunca fui outra pessoa, exceto quem sou hoje.

Não digo isso para sugestionar que excluí ou esqueci meu passado, afinal, tudo que vivi foi importante. Apenas aceitei mergulhar fundo nas práticas propostas e com isso fui removendo os impedimentos comportamentais, as crenças e outras tantas amarras e, inevitavelmente, um novo ser floresceu.

Tive uma infância muito boa, uma adolescência questionadora, mas considero normal, já que a fase não ajuda muito, e até meus 30 anos me senti condescendente com minha vida. Internamente não almejava nada novo, apenas seguia o fluxo, e com isto evitava encarar meus medos, trabalhar limitações e acima de tudo me impor perante a vida.

Pode parecer um pouco contraditório, para aqueles que me conheciam, porque eu tinha opinião forte, falava de forma direta, beirando a grosseria em alguns momentos, e aparentava muita firmeza, mas tudo isso para evitar que acessassem minhas fragilidades, inseguranças e notassem o sentimento de inferioridade que carregava. Por conta disso, dificilmente tomava a frente para alguma coisa, e sentia-me tranquila em me manter dependente emocionalmente.

Quando eu estava terminando a faculdade, meu pai, creio que por revelação, começou de forma insistente a me questionar sobre o que eu pretendia fazer de minha vida. Eu imaginava que a insistência era pelo fato de eu já ter completado 30 anos e ainda não ter decidido o que queria em termos de trabalho, pós-graduação e relacionamento. Confesso que a pergunta me intrigava, mas preferia esquecer e não me demorar pensando nela. Em nenhum outro momento havia me questionado sobre meu propósito de vida, acreditava que tudo que eu estava vivendo era normal e suficiente. Participava de um grupo religioso, estava na faculdade, trabalhava, namorava. Por não roubar, não matar, não cobiçar etc. acreditava que estava respeitando e amando meu próximo e que nada precisava ser diferente.

Continuei com meus planos confortáveis, mas alguns meses se passaram e de forma nada esperada o caminho que me levaria para minha transformação se abriu. Sem nenhum diagnóstico anterior desfavorável, fomos surpreendidos com o falecimento do meu pai, e eu, que antes não enfrentava nada, me deparei com o pior cenário que a vida poderia me apresentar. Nesse momento um turbilhão de lembranças, medos, ansiedades e incertezas preenchia minha mente e no meio disso tudo aquela pergunta que tentei ignorar voltou com grande força: o que iria fazer de minha vida? Obviamente não estava pronta para buscar esta resposta e usei outras pessoas como desculpa para evitar a mudança, abafando mais uma vez esse clamor de minha alma.

Só que uma janela havia se aberto no corredor de minha

jornada, naquele trecho da caminhada não havia mais escuridão, a luz que se fez presente expôs muita coisa e proporcionou reflexões essenciais.

Duramente percebi que a vida é passageira, que todos os nossos planos, por mais seguros que sejam, podem diluir-se num piscar de olhos, que ser acomodado não nos isenta de grandes mudanças. E, acima de tudo, que em algum momento iremos nos deparar com nossas sombras, desnudos permaneceremos em frente do espelho e seremos obrigados a encarar-nos como nunca havíamos feito antes e, a partir daí, decidiremos se permaneceremos nas sombras ou se romperemos as paredes da semente para florescer.

O tempo foi passando e, mesmo sem muito conhecimento, fui me permitindo encarar novas situações e cada momento que eu vivenciava, agora fora da zona de conforto, muitas vezes me fazia chorar e nessa hora não era pela perda mas por enxergar que todas as vezes que meu pai agiu de forma mais incisiva comigo era simplesmente para que eu começasse a assumir o controle de minha vida. Eu não fazia ideia de que todos, inclusive eu, têm algo para oferecer, supunha que deixar alguma contribuição estava restrito a poucos e por conta do sentimento de inferioridade nem pensava que pertencia a esta seleta lista.

Nesse contexto a PNL surgiu em minha vida e a partir daí percebi que o caminho para encontrar a resposta sobre meu propósito seria custoso. Não por causa da PNL, mas por todas as certezas (crenças) que trazia da infância, todos os "deverias" que prendia e pela falta de aceitação sobre quem eu era.

E, falando sobre a falta de aceitação, inegavelmente foi a parte mais complexa que trabalhei. As crenças mais enraizadas eram relacionadas à minha identidade. Inconscientemente, ao longo dos anos, repeti frases de não merecimento, culpa e de vitimização, que deram permissão para meus comportamentos tão limitantes. Ao trabalhar com estas limitações questionei várias vezes se queria mesmo essa mudança. Era um caminho sem volta, sentia que se começasse a avançar não teria mais desculpas ou impedimentos e isso assustava.

Segui em frente, fui lentamente ressignificando os acontecimentos e me coloquei como protagonista de minha vida e não mais espectadora.

Reavaliei crenças religiosas, não por desacreditar de Deus, mas por entender que também era necessária a mudança, pois todos podemos ser melhores do que éramos. Para mim, hoje, falar de espiritualidade é saber falar de si, é ser livre, é ser Luz. É saber respeitar as diferenças, aceitar que somos seres individuais.

Aprendi a estar presente, a trocar olhares e escutar atentamente quando estou com outra pessoa, aprendi que demonstro verdadeiro amor pelo meu semelhante quando respeito suas escolhas mesmo sendo diferentes das minhas, que independentemente dos títulos podemos ser gentis. Aprendi a valorizar as conquistas alheias e respeitar os tombos não vistos. Entendi que, por amor a mim, algumas vezes o afastamento de pessoas e lugares será necessário.

Conhecer a PNL é vivenciar a gratidão, é demonstrá-la em suas atitudes, seu gestual e não apenas em suas palavras. É mais do que agradecer pelo novo dia, é vivê-lo. É mais do que agradecer pelo alimento, é saboreá-lo. É mais do que ver o lado bom das pessoas, é ver Deus em cada par de olhos.

A PNL nos torna mais resilientes, mais serenos, mais compreensivos e menos julgadores. Por aprendermos a nos aceitar como somos, aceitamos nosso próximo com toda sua bagagem, e aprendemos que sempre levamos um pouco de cada um e com isso preenchemos nossa existência.

Só que a PNL não nos torna perfeitos, nem nos isenta de problemas e situações desagradáveis, de sentirmos tristeza, medos ou nos injuriarmos algumas vezes ou muitas vezes, mas, como diz meu mestre, Ricardo Abel, com a mão no peito, "aprendemos a voltar para casa". Somos nossa morada, trazemos registradas as respostas que precisamos e podemos, através da meditação, do silêncio ou da oração liberar os sentimentos que não nos pertencem e voltar ao nosso centro, ao equilíbrio.

Poderia ter escolhido outro exemplo de transformação para dar título a minha história, já que a metamorfose das borboletas pode soar um pouco superficial. Usualmente quando escutamos sobre esta transformação ouvimos apenas que um ser tão feio se transformou em algo maravilhoso. Certo, isto ocorre mesmo! Mas pensemos na metamorfose sobre outros aspectos. As lagartas não encontram casulos prontos, e a primeira atitude é construir um local desconhecido, isolado e incerto para habitar por um período e sem a certeza de transformação. Foi sobre estes pontos que refleti.

Minha mudança só seria possível através do meu agir, do meu tempo. Não adiantaria uma fórmula pronta para encurtar o caminho, além de não ser duradouro, não seria algo que eu construí. Poderia ter permanecido no cenário conhecido, sem construir meu casulo, afinal, não sabia em que me transformaria. Mas estaria disposta a conviver com a certeza de não estar realizando o verdadeiro propósito de minha alma?

O tempo de transformação seria longo e solitário. Depois que iniciasse seria prudente aceitar a jornada e ir ajustando o que fosse necessário ao invés de correr para a linha de chegada, pois cada momento do percurso seria valioso.

E não pense que a metamorfose será o fim. Lindamente, ela é só o começo. Após tamanha transformação voamos plenos e confiantes. E mesmo percebendo em alguns momentos olhares desconfiados, das ainda lagartas que cruzam nosso caminho, não desejaremos esconder nossa nova forma para sermos aceitos, nos compadeceremos delas, pois já sentimos os mesmos medos e inseguranças que ainda as impedem de seguir sua natureza. Encontraremos, dentro do contexto que elas compreendem, palavras de ânimo e inspiração para que despertem. Para que construam seus casulos e experimentem essa sensação indescritível do voo livre.

Olho para tudo que passou com lágrimas de gratidão. Sinto-me vivendo uma vida nova. Sei que é possível impactar vidas com grandes ou pequenos gestos. Que posso trilhar meu caminho deixando bons motivos para ser lembrada.

E, parafraseando uma música que me emociona muito, quero deixar este mundo sem arrependimentos, e que todos, ao lembrarem-se de mim, digam que verdadeiramente vivi, que amei, que realizei o que gostaria, que transformei vidas, que estive aqui!

Da PNL à construção de alicerces de prosperidade

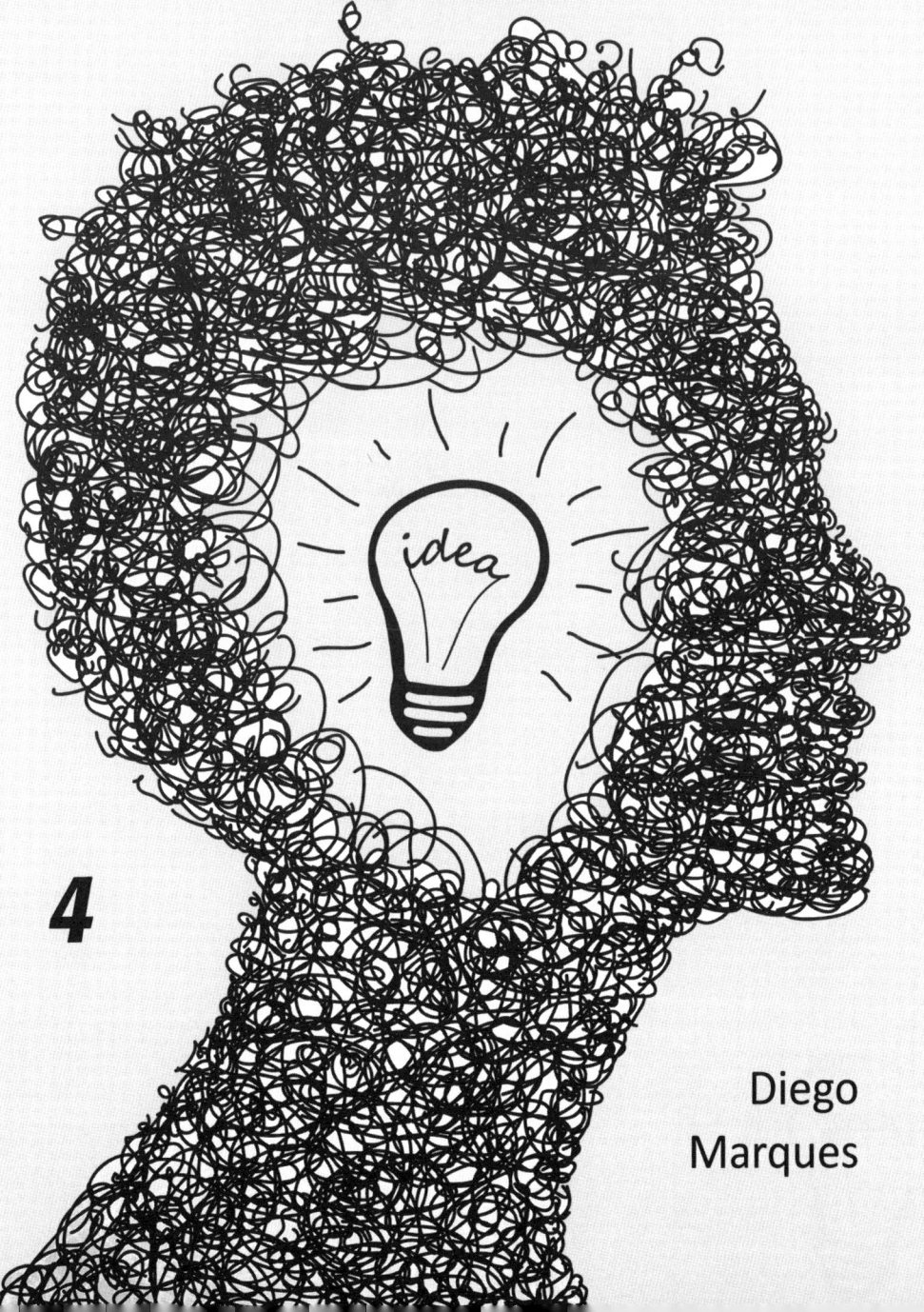

4

Diego Marques

Diego Marques

Biólogo, doutor em genética pela Universidade Estadual Paulista (Unesp-Botucatu). Especialista em Acupuntura e Medicina chinesa, mestre em Reiki Usui, radiestesista genético, PNL Practitioner, certificação internacional em Mentoring (Cambridge-USA). Tem cinco anos de dedicação ao auxílio de melhoramento pessoal terapêutico com práticas de origem quântico-vibracionais. Desenvolvedor do sistema terapêutico "Salto Quântico", que permite, além da melhora de vida, a formação de terapeuta de sua própria vida.

Contato:

Telefone: (93) 98114-2855

E-mail: marqudiego@gmail.com

Instagram e *fanpage* Facebook: @dmarquesterapia

Da PNL à construção de alicerces de prosperidade

"Em um mundo onde as vidas são guiadas pelo piloto automático, desligar esse padrão e assumir o controle manual é um risco que nem todo mundo está pronto para assumir."

Como tudo começou?

No ano de 2014, no período em que eu estava cursando o meu doutorado, acabei fazendo uma escolha, tomando uma decisão e apenas hoje percebo a real dimensão desse ato. Na época, apresentava sintomas de transtorno de ansiedade e por desconhecimento e imaturidade negligenciava aquelas crises de pânico, as classificando como algo normal e corriqueiro na minha vida, uma vez que esses sintomas infelizmente são comuns no meio acadêmico. Nesse momento, não conseguia ler nenhum artigo científico voltado ao meu doutorado, pois automaticamente a lembrança de todos os outros artigos não lidos me assombrava a ponto de eu precisar fechar o *notebook*, sair e controlar minha arritmia cardíaca gerada por esse processo. Isso era algo constante e a cada dia piorava mais, pois os prazos precisavam ser cumpridos e a impotência diante da situação, somada à autocobrança, me massacrava ainda mais.

O despertar que me deu força e energia para iniciar a minha cura nunca saiu da minha memória, tudo é tão claro que ainda consigo sentir a tensão, o anseio e as sensações físicas que precederam esse momento: minha primeira experiência com a Acupuntura[1]. Após uma sessão despretensiosa realizada com mestria e muito amor em uma noite de sexta-feira, por um amigo muito estimado, minha vida ganhou conotação e sentido novo. Foi quando percebi que o que eu apresentava eram sintomas de uma doença e não de um traço de personalidade como naquele momento eu definia. Bastou apenas aquela sessão para eu ter a consciência e a vontade de querer novamente aquela sensação de equilíbrio físico, mental e espiritual para sempre em minha vida. Cinco meses após esse dia, eu estava em uma sala, assistindo à minha primeira aula em uma pós-graduação em Acupuntura.

O terapeuta por trás da terapia

Às vezes, precisamos tropeçar em uma pedra para aprendermos a olhar o chão quando caminhamos. Como costumo dizer no meu consultório, algumas vezes, precisamos cair em um buraco bem fundo para termos o mesmo aprendizado. Agora, após ter superado minha maior provação até o momento, consigo ser extremamente grato ao que sofri, pois isso foi fundamental para que eu fosse levado a viver plenamente o meu propósito de vida. Após uma experiência extrassensorial, a qual me transportou aos nove anos de idade, para um momento em que, tendo uma conversa com a minha mãe, ela dizia que a minha vinda a esse mundo seria para ajudar as pessoas.

Na visão da Medicina chinesa, a doença é um obstáculo em nossa jornada para nos informar em qual ponto precisamos evoluir. Esse é um ensinamento importante e que incorporei na minha vida mesmo antes de tomar a decisão de seguir essa profissão que hoje me traz o prazer e alegria de conviver com seres humanos incríveis que chegam a mim, tanto como pacientes, como em cursos de formação.

---

[1] Técnica terapêutica de estimulação de pontos corporais, aplicada com base nos princípios da Medicina Chinesa.

Vivemos hoje um período de grandes revoluções e que, a meu ver, referem-se a revoluções silenciosas, mas intensas. Estamos vivenciando a mudança de paradigmas e concepções de vida que, de uma forma muito positiva, está alterando a forma como olhamos para nosso corpo, mente e espírito a fim de analisarmos o que realmente precisamos mudar para alcançarmos uma plenitude de vida e saúde.

Hoje a maioria das pessoas está buscando melhorar cada vez mais sua performance no dia a dia e felizmente a célebre frase de que precisamos aceitar que estamos doentes para buscar ajuda está caindo por terra. Pessoas chegam diariamente até mim para solucionarem um problema específico, como uma dor, ou curar-se de crises de enxaqueca, dores nas costas; diabetes; depressão; transtorno de ansiedade... etc. Após a consulta, elas saem com outra visão, que vai além da percepção de problemas pontuais e até deixam de apresentar os sintomas antes relatados, porque o ponto focal está na vida e não na doença. Minha função como facilitador da cura está voltada à "cura de vida". Sintomas físicos são facilmente tratados e eliminados quando percebemos qual é realmente o problema que estamos enfrentando. Essa mesma forma de ver o mundo e o ser humano é usada em sala de aula na minha prática como professor universitário.

Como professor, levo essas informações a fim de desenvolver potencialidades reais, fazendo com que o profissional possa melhorar o seu trabalho, descobrindo a real missão dentro de sua vida. Meu propósito nesse âmbito é formar profissionais da área da saúde com uma visão mais global do ser humano, além do que a formação universitária possibilita. Direciono minha prática a algo que vá além dos conhecimentos técnicos e operacionais. Ser educador, assim como atuar como terapeuta, é algo que me traz uma imensa realização pessoal, em ambos consigo atuar de forma significativa para proporcionar ganho de vida e saúde em diferentes setores do cotidiano.

Ao longo da minha jornada de desenvolvimento humano

me permiti conhecer diferentes terapeutas e psicoterapeutas, os quais foram de extrema importância para a melhora do meu quadro de ansiedade e conflitos internos. Entretanto, apesar de gostar de participar como paciente, algo sempre me deixava um pouco angustiado, o fato de não saber em média quantas sessões seriam necessárias para eu ter uma percepção da melhora com o tratamento ou qual a minha meta com o tratamento. Esses questionamentos me afligiram até eu ter contato com a PNL (Programação Neurolinguística), quando tudo ficou mais claro e consegui suprir essa necessidade.

PNL e a construção de alicerces de prosperidade

Um grande marco de mudança, ao analisar a minha vida, foi a formação em Practitioner em PNL. Quando me lembro do curso, percebendo como estou agora, nem consigo reconhecer de forma clara aquele que eu era. A formação em PNL me permitiu o acesso a um universo de possibilidades. Eu achava que precisaria de muitos anos e técnicas terapêuticas elaboradas para acessar esses recursos internos que hoje possuo e expresso na minha vida; ao voltar à "vida real" percebi que estava muito mais decidido, focado, feliz e havia eliminado a procrastinação, isso tudo graças às ferramentas utilizadas na formação. Disso não resta a menor dúvida.

Através dessa experiência, consegui ter clareza real do que de fato eu faço no meu consultório. Percebi que trabalho com a construção de alicerces de prosperidade, ou seja, com auxílio de técnicas psicoenergéticas, estados de consciência nos quais ajudo o paciente a construir os pilares essenciais para ter uma vida repleta de saúde em seu estado físico, mental e espiritual. Na minha visão terapêutica, o estado de plenitude está totalmente relacionado à forma como o seu sistema (corpo, mente e espírito) absorve ou transcreve a energia ao redor de onde habitamos. Para "estar bem" é necessário primeiro "ser bem". Uma vez que com a PNL é possível gerar estados de saúde, curas, acontecimentos e ações em nossas vidas, mudando a programação mental, utilizo essa ferramenta para trabalhar e programar a mente do meu paciente a fim de que a sua vida seja mais próspera e feliz com base em suas necessidades no momento. Dessa forma, uso a PNL como estratégia para que a sua mente me auxilie no seu processo de cura. Atualmente o programa terapêutico que desenvolvo promove a ressignificação na vida e é realizado em 16 sessões, período em que programo a mente com o objetivo de ela agir em favor da meta terapêutica concomitantemente às técnicas psicoenergéticas de que tenho domínio como: Acupuntura, Reiki, Radiestesia Genética, Thetahealing... e é só o início.

Assim sendo, procuro promover a incorporação de recursos próprios, com os quais todos possam se beneficiar sempre dessa ferramenta programada para auxiliar na manutenção terapêutica dos estados de bem-estar promovidos semanalmente. Por outro lado, a PNL foi importante para eliminar a sensação de angústia de não haver um tempo previsto para o término do tratamento. Outro ponto importante é que na PNL é utilizado o recurso da "âncora", que serve como uma espécie de recurso terapêutico em tempo integral o qual o paciente utiliza para ativar seu estado de saúde sempre que necessário, quando não está no consultório; minha ideia é não deixar as pessoas dependentes de mim e do meu trabalho. Minha meta em qualquer tratamento é ajudar na descoberta e no desenvolvimento das potencialidades de qualquer pessoa, pois elas são capazes de obter uma vida mais próspera e feliz. Ou seja, uma vida cujos alicerces de prosperidade são fortes e não se desgastam com o tempo, a própria pessoa "se basta", ou seja, esteja plena de si e não veja necessidade de precisar de algo ou alguém para ser feliz de fato.

Hoje, os resultados que obtive é que após os quatro meses de tratamento meus pacientes são plenos, felizes e dividem a sua felicidade com as pessoas que os cercam, saíram daquele estado anterior de dependência e conseguem de fato ter uma vida repleta das maravilhas que eles desejaram ter; eles mesmos dizem: "Ganhei a VIDA, hoje sou dono dela".

O que eu busco?

Dentro do que eu me propus um dia como terapeuta, hoje chego à conclusão de que o meu objetivo está sendo alcançado, esse resultado é evidenciado diariamente, representado pelo meu paciente, em um sorriso, um gesto de alívio ou um muito obrigado após cada sessão. Meu perfil pessoal é de sempre buscar a excelência em tudo o que faço. Quando somos assim, temos que na maioria das vezes fazer sacrifícios enormes, como nos ausentar da família, ver amigos indo embora, relacionamento amoroso ruir, porque a energia que colocamos nesses pontos são baixas diante da expectativa de terceiros. Não é fácil ver a perda da sintonia com pessoas que antes eram muito próximas, pois a jornada de autoconhecimento o distanciou delas. Por outro lado, uma vez que sabemos exatamente o que nos motiva, o que preenche a nossa alma, certas perdas não nos afetam tanto.

Hoje auxilio pessoas a descobrirem em suas vidas o seu real propósito, fazer as suas escolhas e a tomarem suas decisões com base em atingir sua plenitude pessoal. Não adianta querermos que o outro nos faça feliz, pois na maioria das vezes nem ele consegue se entender, muito menos vai entender sua real necessidade na vida. A falta dessa clareza de consciência leva-nos a termos problemas afetivos em diferentes aspectos de nossas vidas. Não adianta dar a responsabilidade da sua felicidade se nem nós sabemos o que é ser feliz.

O que eu busco proporcionar para as pessoas quando elas têm acesso ao meu "eu terapeuta" é a sensação de que aquela decisão de se dispor a conhecer o meu trabalho, de coração aberto, foi a sua melhor decisão na vida. Costumo sempre dizer em toda consulta que talvez o único momento em que você pode desistir de lutar para viver seja nos dez segundos antes de sua morte. Pois enquanto estamos respirando e com capacidades cognitivas não devemos desistir nunca. Sempre é o momento e a hora de agir em busca da sua felicidade e prosperidade, afinal de contas, ela não virá a você apenas porque usou a roupa amarela na virada do ano. Ser próspero requer ação, então, aja na busca de criar essa realidade para você.

PERMITA-SE!!!

Como está sua vida?

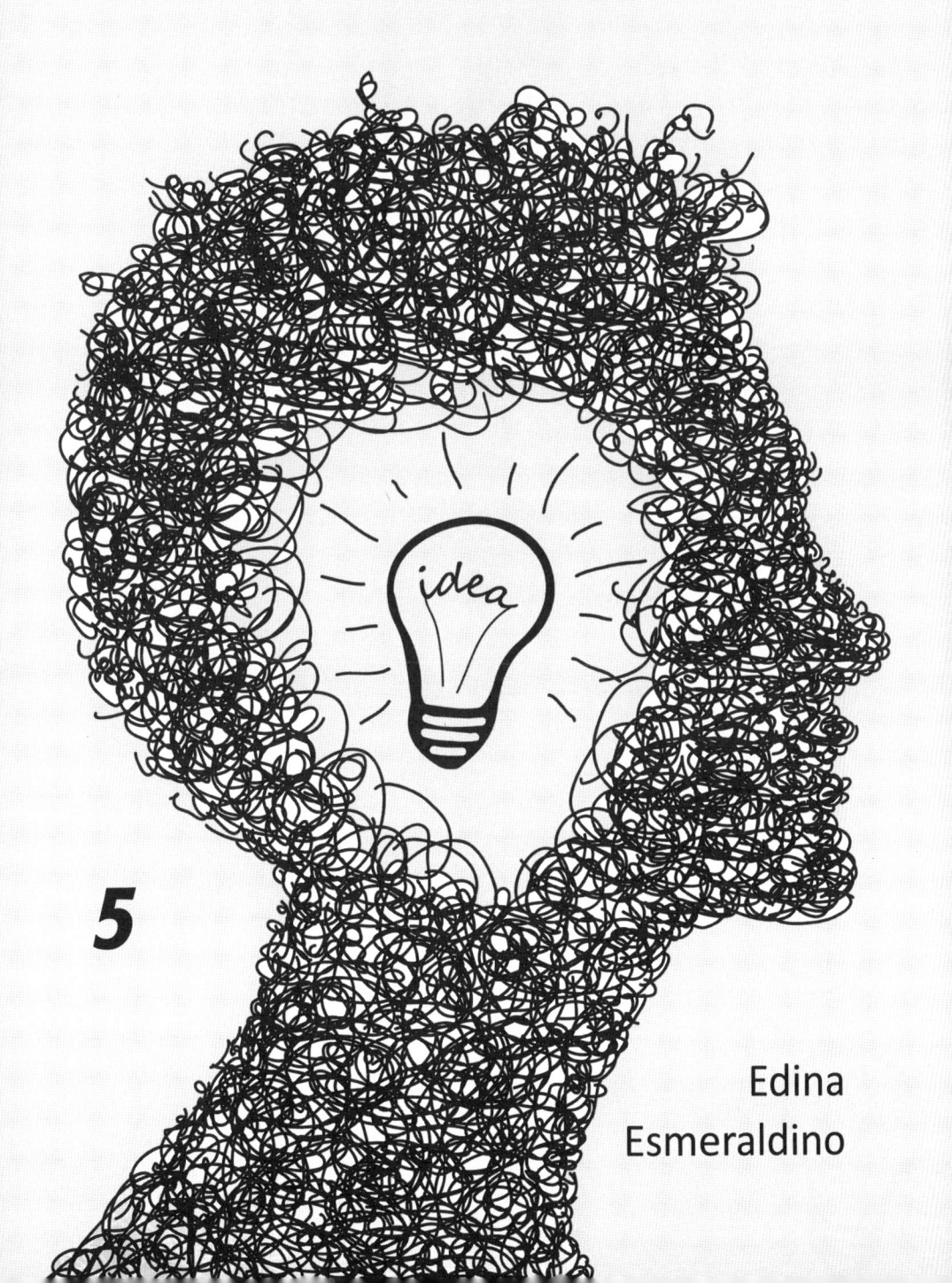

5

Edina
Esmeraldino

Edina Esmeraldino

É *master coach* (PMCC), *executive coach* (PECC) e *life coach* (PCC) pela SLAC (Sociedade Latino Americana de Coaching) e licenciada internacionalmente pelo IAC Coaching Masterizes;

Advanced Leader Coach pela Corporate Coach U.

Licenciada Team Coach pela IAC, EMCC, PCA e AFC; analista comportamental e analista de competências, pela HRTOOLS; *practitioner* e *master* em PNL pela SLADH (Sociedade Latino Americana de Desenvolvimento Humano; especialista em Inteligência Emocional pela Master Solution e Febracis; hipnóloga pelo IHA – International Hipnosis Association LLC. Palestrante há 12 anos, desenvolve líderes e empresas através do Executive Coaching.

Contato:

Site: www.dhcoaching.net.br

Como está sua vida?

Como será daqui a cinco anos se você continuar agindo e fazendo as mesmas coisas que faz até hoje?

Foram perguntas como estas que me levaram a um estado de tamanha inquietude a ponto de dar o famoso "basta".

Sou uma mulher de 43 anos, casada, mãe de dois filhos, com uma vida feliz, realizada e equilibrada, trabalho fazendo o que amo e exerço meu propósito de vida a cada batida do meu coração. Mas nem sempre foi assim.

Venho de uma longa trajetória de superação pessoal, da ruína em vários aspectos: emocional, financeiro, familiar e físico.

Nasci sendo a segunda filha de uma família com quatro irmãos. Na infância meus pais mudavam muito de cidade, o que fazia com que não tivéssemos muitas coisas que a maioria das crianças tem: o amigo de primeira série chegar junto até a formatura, a amiga de infância descobrir o amor e amadurecer juntas, casar, engravidar..., enfim, aquelas coisas comuns da vida cotidiana. Meus pais mudaram-se do país com três filhos pequenos, e ali começavam nossas aventuras e aprendizados. Nossa infância foi marcada por muitas mudanças, tentativas de adaptação ao novo idioma, novas culturas, éramos muito próximos, fazíamos tudo juntos, e nossa base e referência era nossa mãe, mulher linda, personalidade e caráter impecáveis, amiga, brincalhona, sempre com um sorriso no rosto. Ensinava-nos a ir além e tínhamos a sensação de que com ela tudo era possível, com seus multitalentos ela escrevia peças teatrais, fazia caridade, cantava, desenhava, pintava quadros... Não consigo imaginar algo que ela se determinasse a fazer e não conseguisse. Ela gostava muito de ler, e eu adquiri esse hábito com ela. Relia até as revistas de crochê que ela comprava, no final dessas revistas sempre vinha um romance, que eu lia e sonhava, sonhava em ser como aquelas heroínas, uma hora grande artista, outra hora bailarina, mulher de negócios bem-sucedida, estudante sonhadora, jornalista, **escritora** (sonho que estou realizando agora), e assim os anos passaram muito depressa, retornamos ao Brasil e então comecei a ver que entre o sonho e a realidade existe um universo de possibilidades.

Você de repente abre os olhos e já tem 30 anos, muitas marcas na alma, e a grande responsabilidade de educar filhos, sustentar, expectativas frustradas de diversas formas. Parei para me autoanalisar e percebi que a única coisa prazerosa era meu trabalho, vida pessoal em frangalhos, estava em meu segundo casamento, dois filhos, uma enteada (Lênian, que permanece até hoje em minha vida), e uma enorme frustração pessoal, me olhava no espelho e a única coisa que reconhecia eram meus olhos, que mesmo em meio a tantas frustrações insistiam em sonhar, mas como? A realidade era terrível, dura, amarga, como mãe me sentia um desastre, trabalhava demais e não conseguia estar presente, acordava muito cedo para trabalhar, saía do meu expediente e ia direto para a faculdade, quando voltava todos estavam dormindo. Trabalhar era minha realização, com o trabalho eu conseguia fugir da realidade, lá eu não precisava encarar o espelho e dar de cara com o meu fracasso. Iniciei trabalhando num banco com telemarketing e a essa altura já era gerente de expansão. Em minhas funções profissionais me realizava, atingia todas as metas, sonhava, voava e esperava que em um belo dia algo mágico acontecesse em minha vida pessoal, ou eu magicamente fosse arrancada para a vida que eu sonhava...

Paralelamente ao meu trabalho fui convidada pela minha amiga Isabel a montar uma palestra motivacional, nessa época ela trabalhava na Secretaria da Educação de Curitiba, no Paraná. Tinha algumas palestras marcadas para jovens estudantes, a contratada havia desistido e ela precisava substituí-la com urgência e assim chamou a mim por acreditar que eu levava jeito. Ali comecei a fazer palestras motivacionais e, além de motivar jovens alunos, comecei a me motivar também, iniciei alguns cursos para me qualificar melhor para essa nova atividade, entre várias formações tive meu primeiro contato com a **PNL**, fui para o curso cheia de preconceitos, achando que seria algo que poderia me afastar dos valores cristãos que eram meu norte. Já tinha ouvido absurdos a respeito da técnica, mas como curiosa que sempre fui decidi tirar minhas próprias conclusões, saí de lá encantada com essa ciência poderosa e simples ao mesmo tempo e que fortalecia ainda mais minhas crenças, mas, junto com o encantamento das possibilidade, a desesperadora pergunta que não saía da minha cabeça:

"Como será sua vida daqui a cinco anos se você continuar a fazer o que tem feito até hoje?"

Ali naquele curso aprendi que a responsável por tudo que eu vivia não era a vida, as circunstâncias, mas sim eu mesma, eu odiava minha vida, mas não era capaz de ter uma atitude que me levasse adiante. Onde eu desejava estar de verdade?

Foi frustrante saber que quando a grama do vizinho está mais verde do que a minha é porque ele faz coisas que eu não faço, ele toma atitudes que eu não tomo, ali percebi que meu corpo com excesso de peso era minha responsabilidade, minha falta de saúde, minha falta de alegria, minha falta de amor próprio, meu casamento ruindo, tudo, simplesmente tudo, era minha responsabilidade. Chorei uma semana inteira como se estivesse de "luto", depois passei a tentar melhorar, dar um basta e assumir de vez a responsabilidade da minha vida. Comecei por transformar meu corpo, indo atrás de cirurgias que trariam novamente a aparência que eu havia perdido. Junto com a mudança estética costumo dizer que veio a vontade de me livrar dos "excessos". Pedi a Deus que me desse forças para fazer o que era necessário, pois do jeito que estava morreria aos poucos...

Para reforçar tudo que aprendi na **PNL** li em uma madrugada de insônia um versículo da Bíblia, **Eclesiastes capítulo 9,** ali dizia entre tantas coisas: "**Deus criou as mesmas condições para todos, para quem acredita ou não que ele existe, para o rico e o pobre, as situações são iguais para todos, o que faz a diferença são as escolhas de cada um, que enquanto se está vivo devemos lutar para ser feliz, pois é melhor ser um cão vivo do que um leão morto.**"

Essas palavras foram duras demais, sempre acreditei que um belo dia algo mágico mudaria minha vida e ali acabara de descobrir que quem precisava fazer essa mágica era eu, mas como e por onde começar? Iniciei pela aparência e em oito meses eu estava com 40 quilos a menos e conseguia me olhar no espelho, recuperando quem sempre fui. Os próximos passos foram dolorosos: sair do banco a que tanto me dediquei, e que me dava estabilidade, passava horas intermináveis debruçada em metas e estratégias para superá-las, ali eu me sentia realizada, eu me completava, mas sabia que para ir além precisava sair de lá... Fui trabalhar na área comercial de um site de compras coletivas e em pouco tempo me tornei sócia com 20% e na sequência proprietária... Foi um período de muito aprendizado profissional, pessoal e espiritual também, meu chefe, que depois virou sócio, era uma pessoa incrível, de uma sabedoria e alma gigante, foi meu amigo irmão. Frank foi um anjo que cruzou meu caminho, me ensinando muitas coisas que coloco em prática até hoje: física quântica, **PNL** e tantas outras coisas. Com ele aprendi que não adianta nada ser bom e caridoso com o próximo, se não consigo me amar, fazer o melhor por mim. Foi a pessoa que acreditou no meu potencial e me ajudou nesse período de grandes mudanças, devo muito do que aprendi a ele.

Nesse viés de mudanças veio meu segundo divórcio, e, apesar da certeza que eu tinha de saber que era um relacionamento que já havia terminado e só faltava sacramentar, trazia a triste realidade de uma vida pessoal em frangalhos, dois casamentos fracassados. Ali era impossível não olhar para dentro de mim mesma e não buscar minha parcela de culpa, então prometi a mim mesma que não me casaria mais, que infelizmente isso não era pra mim. Nos dois relacionamentos os erros foram diferentes, em um deles fui traída e não houve escolha de minha parte. Ele sumiu e só o vi diante do juiz para assinar o divórcio. No outro não houve esse tipo de situação, mas sim um desgaste natural pela diferença de personalidade e objetivos de vida, pois, enquanto eu queria sonhar e voar ele não saía do lugar. O que tinha estava bom, ele era feliz e não precisava de mais nada. Isso me levou a uma frustração gigante, eu fazia tudo sozinha, trabalho, investimentos, férias, educação dos filhos etc... Era uma solidão acompanhada, no fim desse relacionamento eu precisei admitir para mim mesma que o erro era meu, lancei minhas expectativas e meus projetos em uma pessoa que estava feliz com a vida pacata e sossegada que levava, ele estava feliz e eu não...

Passada essa fase de autorresponsabilidade resolvi meter a cara no trabalho e reconstruir minha vida financeira e emocional. Muitas coisas aconteceram e mudaram drasticamente o rumo da minha história, subitamente perdi minha mãe, que era meu tudo, minha referência, meu exemplo, aquela que sempre me apoiava e dizia que sempre estaria lá, se nada desse certo que eu poderia voltar... Perdê-la foi a pior das dores que já enfrentei, impossível imaginar minha jovem mãe de 54 anos sair assim das nossas vidas, tudo o que veio depois ajudou a me lançar num profundo abismo de depressão, tristeza e desânimo. Nada mais fazia sentido pra mim, fiquei seis meses nessa tristeza profunda, até que pouco a pouco fui me reerguendo, trazendo à consciência que meus filhos também estavam perdendo a mãe, e que eu precisava dar a eles estrutura...

Na intenção de honrar a memória e o trabalho dela após sua morte, fui para a cidade de Blumenau (SC) para cuidar de tudo que fosse possível, inventário, negócios, achei que devia isso a ela, que sempre me quis morando na mesma cidade e trabalhando com ela. Vim para ficar três meses, e não teria conseguido sem o apoio de pessoas que foram anjos em meu caminho, entre eles minha irmã de coração, Francielle, que deixou faculdade, namorado, família e nossa empresa, pois a essa altura éramos sócias. Ela ficou comigo, carregou junto o pesado fardo... Sem condições de voltar, acabei ficando, até o momento em que seria impossível retomar minha vida há tanto tempo abandonada em Curitiba, então decidi recomeçar, e esse recomeço mais uma vez foi doloroso e difícil. Acabei somatizando tudo, ficando doente, precisei de uma cirurgia de coluna e com o apoio dos meus amigos, filhos e meu irmão Edson superei mais essa etapa e recomecei a trabalhar, a reconstruir tudo do zero...

Decidi então mudar o rumo do meu trabalho, encerrar minha empresa e tentar coisas novas. Assim surgiu o Coaching em minha vida, ali usei todas as técnicas aprendidas para reorganizar toda a minha vida pessoal e profissional. Fiz toda a formação: Life, Executive, Master, Team Coach, Leader Coach, Coaching Sistêmico, não parei ali. Fui estudar Inteligência Emocional, Neurociência e **PNL Practitioner** e **Master em PNL,** Hipnose...

Mas preciso retroceder um pouco na linha do tempo e falar sobre a ferramenta de **PNL** que mudou minha vida, após ingressar na fase do autoconhecimento e compreender que meu padrão comportamental era de vítima, reconheci que precisava urgentemente mudar esse padrão. Até ali eu era refém das tragédias pessoais, fui traída, abandonada, enganada, iludida, tinha muita coisa ruim em minha história, a teoria é: se sou a vítima não posso ser heroína, a vítima não realiza nada, não conquista, só é digna de pena, e eu decidi que não queria mais a dor da vitimização. Mas como mudar tudo isso? Como abandonar o velho padrão? Quando nada dava certo eu tinha inúmeras desculpas e tragédias para justificar meus fracassos.

Soube que minha vida só iria mudar quando eu liberasse as pessoas que me magoaram, traíram, enganaram e elas permaneciam ligadas a mim em um enredo triste e doloroso, então o perdão me daria liberdade.

Enquanto eu sofria e me sentia vítima nada mudava, continuava repetindo o padrão, precisei fazer uma escolha, perdoar quem nunca foi capaz de me pedir perdão. Precisei escolher ter a dignidade de uma heroína e usar a poderosa **ferramenta do perdão**. Abrir mão das ações feitas contra mim me custou dores físicas, precisei tirar uma lição de tudo isso e enxergar o lado positivo dos fatos, mas como ver o lado bom de uma traição? Eu encontrei, decidi que aquilo tudo me fez mais forte e acabou tirando da minha vida quem não merecia ficar. Decidi agradecer as lições apreendidas, mesmo em meio a lágrimas de dor saídas da alma eu escolhi perdoar os outros e a mim mesma, porque deixei me machucar, por escolhas erradas, por atitudes erradas. Tirei um aprendizado de cada erro e ali renasci muito mais forte, mais serena e digna. Abandonei velhos hábitos, velhas práticas, velhas dores...

Comecei a viver minha melhor versão, comecei a ter uma serenidade que nunca havia experimentado, mudei minha forma de pensar, sentir e agir. Comecei a ser uma pessoa agradecida por tudo, fui encontrada pelo amor do meu atual esposo, príncipe doce, insistente e corajoso que me deu uma família, meu melhor amigo, parceiro que me apoia e acompanha em tudo, conhece minha história, trajetória e se orgulha dela. Meus filhos o chamam de pai, não porque alguém tenha sugerido, mas porque se sentiram amados, aceitos e cuidados integralmente.

Hoje tenho mestria pessoal, sou o que nasci para ser. Atuo como ferramenta auxiliando pessoas que precisam de transformação e digo sempre: se eu consegui, você também consegue, qualquer um consegue, basta se permitir.

A **PNL** abriu um caminho infinito de possibilidades e me permite viver minha melhor versão, basta compreender que velhas chaves não abrem novas portas!

Uma linda jornada chamada Viver!

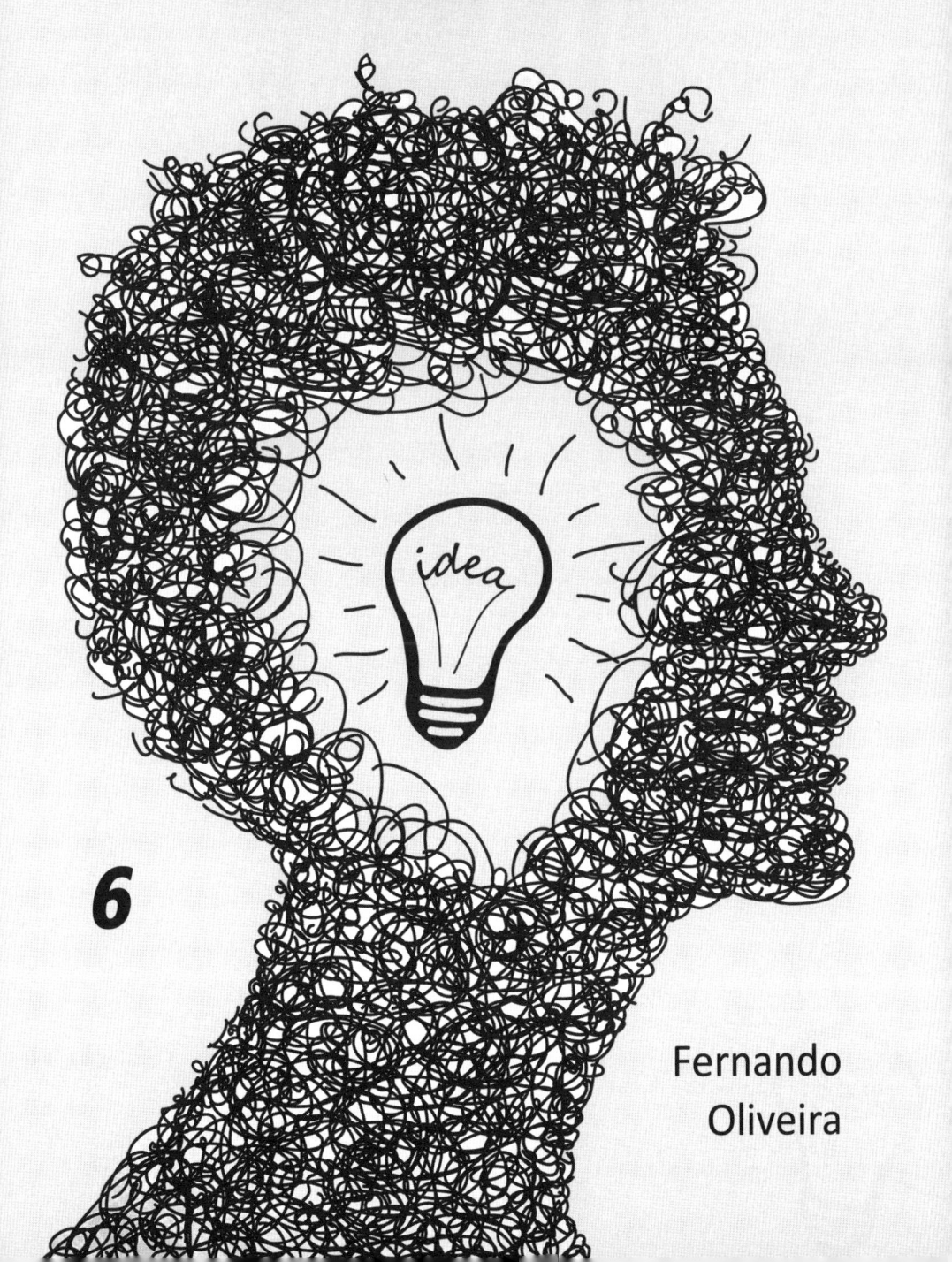

6

Fernando Oliveira

Fernando Oliveira

Coach, membro da Sociedade Latino Americana de Coaching (SLAC), mentor em Negócios e Inovação formado pela Global Mentoring Group. Graduado em Comunicação Social, pós-graduado em Gestão de Pessoas, MBA em Gestão em Vendas e Trade Marketing. Quinze anos de experiência na área comercial, sendo sete deles dedicado em grandes *players* da indústria farmacêutica, desenvolvendo e potencializando o capital humano.

Uma linda jornada chamada Viver!

Durante muitos anos da minha vida me sentia insatisfeito com a forma a qual eu estava vivendo, não estava feliz com meus resultados, nada na minha vida dava certo, eu não conseguia deslanchar na minha carreira, atingir meus objetivos. Enfim, por mais que me esforçasse eu tinha a impressão de que não saía do lugar. Sabe quando o carro atola no barro e quanto mais se acelera mais fundo o buraco fica? Então, era esta minha sensação.

Nesse momento eu não sabia o que realmente precisava fazer e também não estava muito aberto a ouvir opiniões.

Até que em um determinado momento em uma conversa com um amigo ele me falou de um tal de Coaching. Eu mal sabia o que seria isso, então fui perguntar para o sábio Google (rs).

Após obter a resposta, comecei a pesquisar mais sobre o assunto, e aí surgiu o interesse em me formar em Coaching. Dentro da formação, conforme íamos vivenciando a metodologia, eu fui começando a me descobrir mais como pessoa e a entender mais como eu era limitado.

Neste processo aprendi como realmente se estrutura um objetivo de forma coerente e sustentável, mas para minha surpresa o que estava acontecendo em minha vida naquele momento era apenas a ponta do *iceberg*, eu não tinha noção do que estava por vir.

Após a formação de Coaching comecei um grande processo de autoconhecimento para entender melhor o porquê das minhas limitações e o motivo pelo qual eu não estava conseguindo ter os resultados que eu gostaria, até que em minha segunda formação em Coaching algo me despertou para conhecer mais sobre Programação Neurolinguística (PNL).

E aí nesse momento comecei a fazer um mergulho profundo para dentro de mim. Já no primeiro dia de aula na primeira atividade me ofereci para vivenciar a ferramenta, e lá fui eu cheio de um falso empoderamento, com discursos competentes na ponta da língua e sem nenhuma congruência.

Após finalizar a ferramenta meu *trainer* me fez a seguinte pergunta: "Se você se diz tudo isso que está fazendo por que ainda não atingiu seu resultado?"

Naquele exato momento meu mundo caiu por terra, fiquei sem chão, sem saber o que dizer, pois o que ele me havia dito eu sentia mas não tinha coragem de me dizer e ser sincero comigo mesmo. Para dizer a verdade, eu não tinha coragem de assumir que a minha falta de resultados era responsabilidade minha, só minha e de mais ninguém. Foi preciso um grande mestre, um mentor, alguém que com os ouvidos atentos, os olhos apurados e os sentidos alertas me dizer o que eu não tinha coragem de assumir.

Foi muito desafiador assumir aquela situação naquele momento, pois fiquei digerindo o ocorrido por horas. Conforme o decorrer da formação fui entendendo cada vez mais muitas das coisas que se passavam em minha vida, fui amadurecendo, aprendendo e me desenvolvendo.

E acabei a primeira formação já uma outra pessoa, mas eu queria mais, pois o Fernando em que eu estava me transformando era a pessoa que sempre quis ser, e assim fui para a minha segunda formação em PNL, porém agora buscando a mestria. Nesta altura já estava com todos os meus sentidos apurados para conseguir perceber minhas limitações e ressignificar.

Nesta altura eu já estava com a minha caixinha cheia de ferramentas para transformar a minha vida e assim eu fiz, trouxe tudo que aprendi para a minha vida, para ter a congruência que me faltava, pratiquei, pratiquei e até hoje pratico. É um treino diário e mesmo assim ainda continua não sendo fácil lidar com minhas limitações, no entanto, hoje tenho um diferencial, eu sei identificar, me perceber, entrar em meu diálogo interno e corrigir. Hoje assumo a responsabilidade dos meus resultados, hoje trago para a consciência e tenho a clareza de que quanto mais eu me aprofundo no autoconhecimento mais eu descubro que não sei o que não sei.

E assim a vida seguiu até eu ter a oportunidade de fazer uma formação internacional. O engraçado é que lá atrás, quando eu estava perdido, esta hipótese não passava nem nos meus melhores sonhos.

E enfim pisei em solo americano para a minha tão esperada formação, foram três dias intensos de muito conhecimento e experiências, e no dia em que fui receber meu certificado no *campus* de uma das universidades mais bem conceituadas do planeta foi que a minha ficha caiu.

Foi quando passou um filme em minha mente de tudo que eu havia construído para chegar até lá e percebi que saí de um mero fazedor para ser um REALIZADOR.

E agora você deve estar se perguntando como ir para Harvard mudou minha vida, correto?

E vou lhe contar, estar lá mudou a minha vida, pois foi a confirmação de que eu posso tudo que eu quiser, que não tenho limites, que minhas limitações são apenas oportunidades de me transformar cada vez mais em uma pessoa melhor. Aprendi que, se eu não estivesse aberto para ouvir lá atrás a dica de um amigo, que ter claro aonde quero chegar e planejar é extremamente importante para meu sucesso, e que ter alguém o apoiando de forma profissional neste processo é extremamente importante para conseguir e potencializar seus resultados.

Mas isso tudo só foi possível realizar após começar uma viagem grandiosa dentro de mim, entendendo os meus porquês, as intenções por trás de tudo que sentia e pensava. Esta linda viagem interna eu gosto de chamar de autoconhecimento, pois na PNL acreditamos que se você muda o sistema tudo muda.

Para iniciar este processo de autoconhecimento eu precisei dar o primeiro passo, "QUERER MUDAR" e estar aberto a fazer o desapego, mas não é possível fazer sozinho este processo, eu tive apoio de alguns profissionais especializados e utilizei várias ferramentas, entre elas a PNL. Lembro-me como se fosse hoje o dia em que fazendo uma ferramenta consegui projetar meu futuro irresistível, incluir competências as quais eu precisava desenvolver e melhorar em meu sistema e por incrível que pareça vem tudo se realizando. Mas o ganho maior em minha vida foi ver como é fácil viver e como complicamos tudo.

Acredito que alguns fundamentos básicos da PNL podem também mudar a sua vida, que são os seguintes:

- **"Mapa não é território"**: uma vez que você entende o significado dessa frase e traz para sua vida, já o ajuda a ver a vida com outros olhos. Mas por que mapa não é território? Porque o território é o mundo externo no qual captamos as informações pelos nossos sentidos - visão, audição, olfato, gustação e sinestesia. Esses sentidos, após captarem as informações externas, passam pelos nossos filtros neurológicos para assim construirmos nosso modelo de mundo (mapa). Isso explicando de uma forma bem simples. Resumindo tudo isso de um modo bem básico, podemos afirmar que somos fruto das nossas vivências e cada pessoa enxerga o mundo de uma forma, quando entendemos isso começamos a respeitar o outro e suas decisões e ações, pois ele só pode dizer e agir conforme a experiência de vida que teve, e não tem nada de errado nisso. Costumo dizer que as pessoas só podem levar as outras até onde elas forem, não mais do que isso.

- **Intenção positiva**: temos de entender que por trás de toda ação e reação existe uma intenção positiva, ou seja, estamos querendo de alguma forma atender alguma parte de nós com isso, cabe a nós nos perceber no momento em que vier o pensamento e quando começarem a acontecer as mudanças químicas em nosso corpo e nos perguntar qual parte de nós estamos querendo atender com esta ação e se existe uma outra forma de atendê-la se acaso a ação não for benéfica.

- **Gestão das emoções**: as emoções são reações químicas e quem dá o significado a elas somos nós com as nossas experiências e nosso mapa mental. Quando você está presente e atento, pode perceber as mudanças químicas que acontecem no seu corpo e determinadas situações e com isso, antes de agir, consegue trazer para a consciência e ajustar a melhor forma pra lidar com a situação.
- **Pensar, Sentir e Agir**: tudo começa pela mente e a afirmação que diz que você tem que ser para ter é mais que verdadeira, pois você produz um pensamento, este pensamento vai lhe gerar um sentimento (sentir) e você terá emoções e sensações, logo após você age, ou seja, gera um comportamento. Tudo que foi criado no mundo em algum momento foi um pensamento de alguém, então, se você quer se transformar em alguém bem-sucedido, uma referência, no que quer que seja que queira se transformar, para alcançar esse objetivo você tem que ser, pois só assim você terá.
- **O fracasso não existe**: entenda que o fracasso não existe, pois o que existe é resultado e vou lhe explicar o porquê! Tudo que você faz, independentemente se deu certo ou não do jeito que você esperava, lhe trouxe um resultado, e cabe a você olhar para este resultado caso não seja o esperado e identificar o que você deixou de fazer, ajustar possíveis obstáculos que podem vir a surgir e o que fará para ultrapassá-los e fazer novamente, caso ainda faça sentido pra você. E se o resultado for o esperado, ver o que pode melhorar para potencializar ainda mais os ganhos.
- **As palavras têm poder**: isso é uma grande verdade, pois tudo que verbalizamos mostra para o exterior como enxergamos o mundo e como nos enxergamos. Quando verbalizamos algo podemos identificar muitas limitações instaladas via crenças limitantes, e isso nos impede de ir adiante. Um

exemplo claro disto é quando afirmamos que não conseguimos fazer algo, quando verbalizamos isto estamos mandando uma afirmação para o cérebro de que somos incapazes de fazer algo e toda vez que verbalizamos aumentamos mais esta afirmação, e é isso que tem como consequência a autossabotagem.

- **Autossabotagem**: é o simples ato de se sabotar, ou seja, de se afastar do seu objetivo de uma forma inconsciente, geralmente fazemos isto colocando obstáculos, subestimando nosso potencial e competências.
- **Crenças e valores**: basicamente os valores são estados emocionais que governam as nossas decisões, ou seja, são sentimentos que guiam as nossas ações e crenças, podem ser positivas ou negativas, por exemplo: "eu sou digno", "eu sou incapaz". As crenças, muito frequentemente, são desenvolvidas durante a infância e no decorrer das vivências são reafirmadas, isto é, crença é a aceitação de que algo é verdadeiro ou real. Em muitos casos é sustentada por um sistema de certeza emocional e/ou espiritual. As crenças estão presentes tanto no nível consciente, quanto também no subconsciente. Vale lembrar que a maioria das crenças estão alojadas no nível subconsciente, pois é nessa "área" que estão gravadas todas as informações vividas por nós, valores e crenças, que fornecem a motivação e as linhas mestras que estão por trás das estratégias e capacidades usadas para atingir os resultados do comportamento no ambiente, por que as pessoas fazem as coisas da maneira como as fazem, num determinado tempo e lugar. Nossos valores e crenças fornecem o reforço (motivação e permissão) que suportam ou inibem as capacidades e comportamentos em particular.

Esses são alguns fundamentos básicos que no meu caso transformaram e muito a minha vida. Outra coisa que me ajudou muito a trabalhar as relações foi entender qual a minha responsabilidade e o que eu posso fazer para melhorar, utilizando uma técnica simples:

- **Primeiro passo**: olho a situação com os meus olhos, procurando sempre viver aquele momento como se estivesse acontecendo, no ato da prática do exercício vivo intensamente o momento com os olhos da mente.

- **Segundo passo**: feito isto, coloca-se em outra posição como se estivesse de frente para você mesmo, porém, agora verás a situação com os olhos do outro, assim como feito no primeiro passo; viva intensamente aquele momento pela perspectiva do outro.
- **Terceiro passo**: após isso você mudará de posição e olhará a situação de fora com um olhar de observador, veja toda a situação acontecendo na sua frente, onde verá você de um lado e a segunda pessoa envolvida no outro.
- **Quarto passo**: neste momento você já viu a mesma situação por três ângulos diferentes, olhe pra dentro de você e veja qual seria a melhor solução.

Faça esta rodada até o momento em que se sentir confortável com a decisão.

Ao usar esta técnica consegui melhorar e muito minhas relações, as quais vêm melhorando a cada dia.

Agora você não precisa de 5, 10, 15, 20 anos para aprender isso ou até mesmo para conseguir o que realmente quer, pois este livro contém um conteúdo riquíssimo com o qual, se você aplicar para a sua vida o que lhe fizer sentido, já dará um salto quântico rumo a uma vida de abundância. Que você continue vivendo intensamente esta linda jornada que se chama viver.

Transformando vidas com PNL

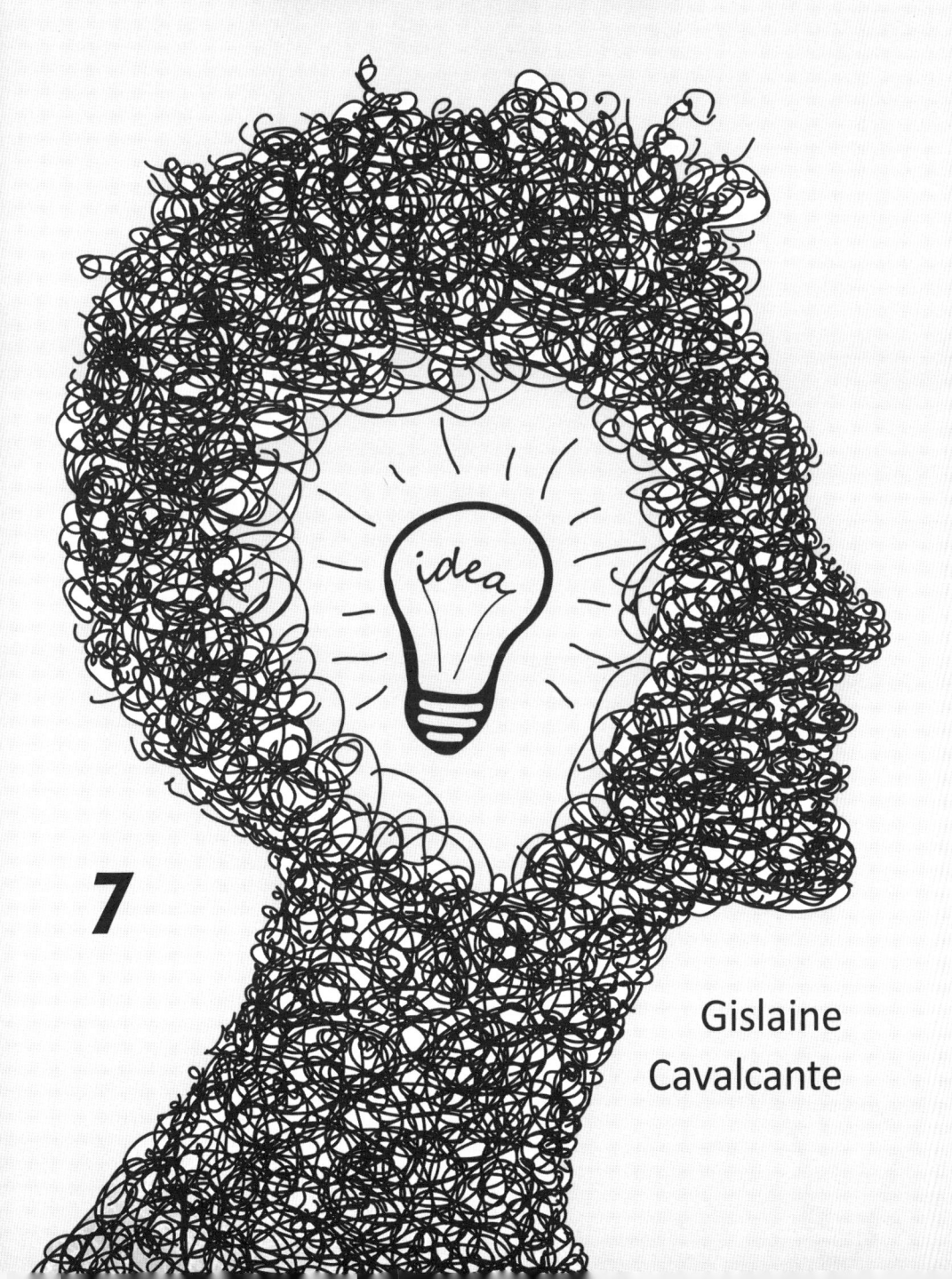

7

Gislaine
Cavalcante

Gislaine Cavalcante

Palestrante, mestranda em Educação Financeira, empreendedora, administradora, mentora, *master coach trainer* e *master practitioner* em PNL, com experiência em gestão de pessoas e uma sólida carreira desenvolvida na área financeira, com ampla experiência na qualidade de atendimento a clientes. Apoia as pessoas na excelência de seus resultados e performance pessoal e profissional.

Contatos:

Telefone: (18) 99124-7972

E-mail: falecom@institutogac.com

Site: www.institutogac.com

Instagram: @gislainecavalcante

Facebook: https://www.facebook.com/gislaine.augusto.12

Linkedin: https://www.linkedin.com/in/gislaine-a-39307427

Transformando vidas com PNL

Como tudo iniciou...

Tive o meu primeiro contato com PNL (Programação Neurolinguística) aos 17 anos de idade, quando fui premiada com a imensa oportunidade de participar, na cidade de São Paulo, de um *workshop* direcionado para mulheres e jovens adolescentes onde fora abordado o poder da sua comunicação, pensamentos, o poder das suas escolhas, o que você permite entrar na sua vida. Lembro-me que neste *workshop*, de que já faz mais de 20 anos que participei, foi abordado também o assunto aborto, vida sexual e o quanto a mulher tem que se respeitar e se amar em primeiro lugar. Que o nosso corpo é uma torre de tesouros incalculáveis. Aquele encontro de mulheres com aquela profissional de Neurolinguística me marcou profundamente, pois aprendi o quanto a qualidade dos meus pensamentos interfere em meus resultados. Sem contar o aprendizado que tive em relação a gerar um filho, a responsabilidade de carregar uma vida dentro de você, e maior ainda quando esta criança nasce.

Gravei profundamente cada palavra em minha vida e passei a utilizar em meu dia a dia algumas técnicas que foram ensinadas durante o *workshop*. Confesso que no início fiquei um pouco assustada, pois foram alguns ajustes em meus pensamentos e meus resultados mudaram de uma forma extraordinária.

E, cada vez que desejava algo, eu colocava na estrutura da PNL que havia aprendido e tudo acontecia, como se fosse mágica. Houve momentos em que tive medo, pois passei a me sentir superpoderosa, pensando até que fosse algo sobrenatural.

Passados menos de dois meses daquele *workshop*, a mesma programadora de Neurolinguística foi palestrar em três cidades do interior do Estado de São Paulo, próximas à cidade na qual eu morava na época. E por eu fazer parte de uma Organização Não Governamental, filiada à ONU (Organização das Nações Unidas), tive o privilégio e a grande boa sorte de participar das três palestras, ou seja, oportunidade de reforçar o aprendizado três vezes. Era fascinante tudo que ouvia naquela palestra, fazia muito sentido para mim, ainda mais que já tinha testado e comprovado em minha própria vida algumas ferramentas.

Como eu era uma jovem com 17 anos, cheia de sonhos e com pouco conhecimento, na minha ignorância, devido à palestrante ser psicóloga, passei a acreditar que para me tornar uma pessoa que trabalha com PNL eu teria que me formar em Psicologia para depois estudar sobre PNL. Enfim, nunca fui atrás da informação, acabei estudando Administração e acalentando o desejo de um dia me formar em Psicologia para posteriormente estudar aquela ciência que me fascinou, a tal da PNL.

Resumindo, passaram-se 20 anos, segui carreira na área financeira, fiz MBA em Gestão de Pessoas. E aos 32 anos, quando me tornei mãe, lembrei-me de cada palavra que ouvi nas palestras e no *workshop*. Apliquei tudo, através de pensamentos e comunicação com meu bebê.

Olhava-me no espelho e dizia para mim mesma que eu estava linda e agradecia por ter aquela criança crescendo dentro de mim.

Vomitei uma única vez, logo no início da gestação, e foi somente uma vez, porque quando isto aconteceu eu já falei para meu bebê: "A mamãe não come porcarias, faz atividade física e se alimenta com alimentos saudáveis para você crescer e se desenvolver saudavelmente. Então a mamãe pede para que você me ajude! Por favor, sem vômitos! Vou trabalhar toda a gestação para criar condições financeiras e poder comprar suas coisas. E assim que você nascer ficarei seis meses curtindo, dedicando cada segundo a você". E assim tive uma gravidez tranquila e muito saudável.

Transmitia todo meu amor para aquela criança, dizendo o quanto já a amava e o quanto estava aguardando seu nascimento. E, quando colocava seu pezinho em minhas costelas, eu logo solicitava: "Por favor, retire seu pezinho daí que assim você está machucando a mamãe". Imediatamente ele parava, sim, ele, pois quando descobri o sexo eu já lhe dei um nome: Heitor.

Eu conversava com Heitor o tempo todo, através de pensamentos e sentimentos, colocava música e falava: "Esta música é de boa qualidade, isto é música".

Resultado, quando Heitor nasceu, recebi uma criança calma, tranquila e que reconheceu minha voz assim que a ouviu. Lembro-me como se fosse hoje, quando o médico o tirou de dentro de mim, chorando, o colocou em meu colo e eu falei: "Seja bem-vindo, Heitor! Que você seja muito feliz nesta vida! Mamãe te ama!"

Ele parou na hora de chorar e o doutor disse: "Oh! Já conhece a voz da mamãe!"

Encurtando esta fase: Heitor agora está com cinco anos e meio e é uma criança extraordinária, um menino calmo, educado, paciente, que gosta de música boa e que se afasta de tudo que é ruim e apresenta risco ou perigo.

Lógico que com esta experiência incrível eu quis ser mãe novamente. E assim que Heitor completou um ano de vida eu engravidei novamente.

O que eu ouvia? Você vai ver, o segundo filho nunca é igual ao primeiro. É sempre o contrário. Se o primeiro foi bonzinho, o segundo vai lhe dar trabalho.

Eu dizia: "Se vier 50% do que o Heitor é, eu já estou feliz!"

E ela, a Heloisa, veio 200%. Claro que utilizei a mesma estratégia de comunicação, mesma estrutura de pensamentos, pois eu tinha comprovado que dá certo e o resultado é extraordinário.

Preparei o Heitor também para a chegada da irmãzinha, tendo muito cuidado com minha comunicação, com tipos de pensamentos e emoções que transmitia a ele.

Pois o que eu ouvia? Ele vai dar trabalho, vai ter crises de ciúmes... Enfim, só palavras negativas.

Eu revertia tudo em palavras positivas e visualizava tudo perfeito, em equilíbrio e harmonia.

Heitor e Heloisa são supercarinhosos um com o outro, brincam o tempo todo juntos. Ele a protege. E eu toda orgulhosa com meus filhotes. Minhas bênçãos!

Depois que Heitor e Heloisa nasceram eu decidi fazer uma transição de carreira, pois queria ficar mais tempo com eles. Então decidi fazer uma formação em Coaching e coloquei como meta estudar Psicologia aos 40 anos, acreditando que logo poderia estudar e me aprofundar no tema pelo qual me apaixonei aos 17 anos: a Programação Neurolinguística (PNL).

Aos 36 anos terminei toda minha formação em Coaching e eis que descubro que na escola onde estava fazendo a minha formação tinha o curso de PNL. Decidi saber como funcionava, quais eram os requisitos básicos. E para minha surpresa, pois só eu acreditava naquilo de estudar Psicologia para poder estudar PNL, descobri que podia iniciar minha formação em Practitioner em PNL.

Não tive dúvidas. Fiz minha inscrição imediatamente. E passei a viajar para São Paulo aos finais de semana para estudar PNL. Contando com o apoio do meu supermarido para ficar com as crianças.

No meu aniversário de 37 anos, eu estava em sala de aula, aprendendo PNL. Que presente!

Passei por diversas situações extremamente desafiantes. Porém, sempre utilizando o que estava aprendendo com a PNL, consegui ir mudando e transformando a minha realidade.

Quando fui fazer o Master em PNL, aí a batida foi mais forte. Limpeza profunda das crenças limitantes e ressignificação de algumas coisas. Confesso que participar das formações em PNL gerou uma profunda transformação em mim, e posso dizer que sou outra pessoa após as formações em Practitioner e Master PNL.

Algumas pessoas chegaram a me criticar e dizer que eu era doida. No entanto, descobri que ser feliz e ser você verdadeiramente, tendo o comando e total controle da sua mente, vai incomodar muita gente.

A expansão de consciência foi incrível. Minha mente se expandiu e agora quem comanda sou eu e desta forma obtenho os resultados que desejo.

Agora vivo o presente e tenho maior clareza de cada passo, ancorando estados de excelência tanto em mim como em quem está a minha volta.

Crenças...

Como somos formados por crenças, o tempo todo nos deparamos com situações em que empacamos, não saímos do lugar e em algumas vezes até retrocedemos.

Pois como diz Ricardo Abel, meu querido *trainer* de PNL: crença é um grande porteiro nas nossas vidas. Isto pode! Isto não pode!

E assim, de acordo com o que acreditamos, nos permitimos seguir em frente ou simplesmente paramos e ali ficamos. E não importa, mesmo que tenha alguém do outro lado nos chamando, dando a mão, simplesmente paralisamos. Por quê? Porque não acreditamos, não confiamos, achamos que não merecemos, que não somos capazes etc.

Difícil? É possível.

O processo não é tão simples assim, pois acessar estas crenças, lidar com elas e desapegar é libertador.

Como citei anteriormente, aos 36 anos decidi fazer a minha transição de carreira, e fui chamada de louca, muitos questionavam se eu tinha certeza do passo que estava dando, pois havia construído uma carreira sólida em uma grande instituição financeira. Sem contar o que ouvia sobre a crise econômica do país, que correr o risco de depender financeiramente de alguém era loucura. Que estava jogando mais de 11 anos de experiência para iniciar em algo desconhecido e incerto.

Neste ponto a PNL transformou minha vida. Ao identificar minhas crenças limitantes e fazer uma verdadeira faxina nelas, criei crenças fortalecedoras. Estas me deram permissão para seguir em frente e acreditar em meus sonhos, metas, objetivos, independentemente do que for, agora eu acredito, confio, sei que sou capaz e vou lá e faço.

Como já estava atendendo clientes com a metodologia Coaching, por diversas vezes me sentia travada em relação a algo que o cliente me trazia e eu não tinha ferramenta para apoiar.

Ao passar por uma profunda transformação com as ferramentas e técnicas de PNL e após finalizar o Master em PNL comecei a utilizar algumas ferramentas dentro dos meus atendimentos, e os resultados foram fantásticos. E a partir daí começaram a surgir cada vez mais pessoas buscando sessões de PNL. Algumas me procuraram somente para curar-se de uma alergia, outras para conseguirem se estruturar e dar o seu melhor em uma entrevista de emprego ou reunião de negócios. Já outros queriam apenas se alinhar novamente e ter congruência com seus pensamentos, valores e comportamentos.

O mais incrível é quando alguém me procura para tirar um sentimento/emoção negativo(a) e apenas com uma única sessão isto é resolvido. Ver as pessoas se libertarem de algo que lhes fazia mal por tanto tempo e eu ser a pessoa que dá o apoio para esta limpeza e transformação é muito gratificante.

A PNL mudou minha vida e com ela estou transformando vidas. Hoje eu apoio muitas pessoas que simplesmente existem a voltarem a viver. É incalculável o sentimento de alegria e gratidão que sinto ao ser este meio de mudança na vida de cada um que chega a mim.

A cada atendimento, de acordo com o que a pessoa me traz, eu utilizo uma ferramenta/técnica de PNL. O mais incrível é que a pessoa não precisa ficar um ano, seis meses, três meses fazendo sessões com PNL. Por diversas vezes consegui entregar algo muito valioso para meus clientes em uma única sessão.

Os próximos passos...

Faço uso diário das ferramentas de PNL em minha vida e inclusive em meus atendimentos, ou seja, utilizo para meu sucesso pessoal e profissional. Pois a aplicação é muito prática, imediata e efetiva.

Diante desta mudança que a PNL proporcionou a mim, meus próximos passos agora são continuar estudando, me aprimorando, adquirindo mestria com as técnicas e ferramentas e me tornar uma *trainer* em PNL.

Com a certeza de que estarei vivendo meu propósito de vida que é apoiar e desenvolver pessoas a alcançarem suas metas, realizarem seus sonhos e viverem uma vida extraordinária e plena, vou poder ensinar tudo que aprendi, aprendo e vivencio diariamente, para que cada vez mais pessoas tenham acesso a este conhecimento incrível e possa se multiplicar e multiplicar, transformando muitas vidas.

Hora de limpar e reprogramar o sistema

8

Maiara Pires

Maiara Pires

Bacharel em Comunicação Social, com habilitação em Jornalismo; Practitioner em PNL; *life coach*; foi produtora, editora e repórter de rádio, TV, jornal impresso e portais de notícias na internet; assessora de imprensa; editora de revista; editora de conteúdo em agência de marketing digital; coordenadora de redes sociais e de jornalismo institucional e editora de conteúdo em sites/portais institucionais.

Hora de limpar e reprogramar o sistema

A magnífica experiência com a Programação Neurolinguística (PNL), em Macapá (AP), foi descrita num diário de oito dias. Porém, nem mesmo o relato mais fiel será capaz de transportar, nem o mais atento leitor, à essência do que foi vivido. Só mesmo entrando na experiência, como diz Ricardo Abel, o plantador de sementes de vida plena.

A PNL me ensinou que a mente tem o poder magnânimo de captar informação e que, para mantê-la quietinha, existem diversos recursos que permitem o equilíbrio mental, entre eles, a boa regularidade do sono. Estes recursos são alguns mecanismos de limpeza do sistema neural.

Mas, qual a necessidade dessa limpeza? Vamos a uma analogia. Qualquer máquina precisa de manutenção para garantir o seu bom funcionamento. E o sinal que a máquina dá para a manutenção, em geral, é a pane.

Assim é o homem, uma caixinha de sensores. Se algo não funciona bem, podemos ajustar ou trocar a ferramenta do sistema. E, assim como as máquinas dão o sinal de alerta com a pane, os sensores da 'caixinha' são ativados, por vezes, com algum sintoma fisiológico. Já ouviu falar em doenças psicossomáticas? Pois é. O corpo é quem comunica que o sistema precisa ser 'resetado'.

Contudo, o homem não sabe que tem esse poder de limpar e reprogramar a si mesmo para funcionar como gostaria e explorar a sua alta performance. Então, segue vivendo padrões que limitam o seu potencial.

Diante disso, a PNL se configura como uma poderosa ferramenta de autoanálise. Com percepções simples do próprio comportamento, é possível identificar os ruídos na caixinha de sensores e ir ajustando o que estiver irregular.

Quando se faz algo danoso, significa que alguma parte em si mesmo precisa ser preenchida. A PNL traz a consciência de que existe um vazio que precisa ser preenchido para gerar saúde. É necessário identificar a parte que precisa ser preenchida e eliminar esse mau comportamento.

Uma coisa interessante que a gente não sabia é que nós mesmos somos quem geramos os sintomas de que algo não vai bem no nosso corpo. Não é nada de fora, tudo está dentro. E isso é gerado por um processo chamado de Linguagem Orgânica, que são afirmações metafóricas que fazemos para nos referir a problemas fisiológicos específicos. O cérebro não reconhece palavra. Ele capta a metáfora. Criamos na mente a representação daquilo que verbalizamos e o cérebro processa esta representação, que vai para o corpo.

Alguns exemplos destas afirmações que geram os sintomas fisiológicos são: "Estou me coçando para sair dessa situação"; "Estou inflamado com esta decisão"; "Tenho que me coçar para viver". Esse tipo de expressão também gera problemas de pele. Úlceras e doenças de estômago são geradas por afirmações como estas: "Isto está me comendo por dentro"; "Isso me dá náuseas"; "Eu não consigo digerir isso"; "Fico ruminando estes problemas". E, assim, diversas outras doenças vão sendo geradas por aquilo que verbalizamos. Tudo porque a ação do corpo é programada pelo que o cérebro capta: Programação Neurolinguística.

A propósito, cabe abrir um parêntese para explicar esse conceito. Então, vamos a ele: PNL é o estudo dos padrões ("programação") criados pela interação entre o cérebro ("neuro"), a linguagem ("linguística") e o corpo. Esse processo, que acontece de dentro pra fora, é o que determina o nosso estado emocional, ou seja, se estamos tristes, alegres, desanimados ou entusiasmados, por exemplo. O que temos dito a nós mesmos determina a nossa Programação Neurolinguística, o nosso comportamento. Se existe alguma coisa na nossa vida que não está bem, podemos ir lá na fonte – a caixinha de sensores – e mudar isso.

Todos estes conceitos e aplicação da PNL têm nome e sobrenome: Richard Bandler e John Grinder. Foram eles os primeiros a estudar os padrões de linguagem e comportamento de dois terapeutas (Fritz Perls e Virgínia Satir). A partir dos estudos, eles decodificaram estes padrões e descobriram que algo que parecia magia tinha uma estrutura.

E começaram a modelar estes comportamentos obtendo resultados surpreendentes com a habilidade de comunicação. Isso durante a década de 1970, quando Bandler era estudante de Matemática e Psicologia na Universidade de Santa Cruz, na Califórnia, e Grinder, seu professor de linguística.

De lá pra cá, a Programação Neurolinguística veio se expandindo para o mundo inteiro, a partir do processo de modelagem do comportamento de Perls e Satir. E foi além da comunicação e da terapia, sendo utilizada no campo da aprendizagem, saúde, criatividade, liderança, gerenciamento, vendas, consultoria e treinamento de empresas.

Com base nos conceitos de Bandler e Grinder, cabe, também, mencionar que a PNL é o conhecimento científico da linguagem que desenvolvemos desde a infância até à idade adulta, a qual influencia diretamente o desempenho das próprias habilidades e na comunicação intrapessoal e interpessoal. Linguagem esta que pode ser reprogramada para gerar resultados de alta performance.

Este conhecimento, aliás, nos permite saber por que somos do jeito que somos e/ou sermos diferentes. Com isso, elimina-se aquela máxima do 'eu sou assim mesmo'. Pois você descobre que, de repente, foram as circunstâncias do que você viveu que lhe transformaram no ser agradável ou desagradável que se tornou. Aí você não precisa ficar se lamentando de nada porque passa a assumir o ônus e o bônus de ser quem é.

Então, você começa a perceber que muitos problemas de relacionamento podem ser resolvidos olhando, tão somente, para o próprio 'umbigo'. E, aos poucos, vai deixando de fazer parte da geração de mimados, aquela que se ofende com tudo e com todos, como bem descreve Luiz Felipe Pondé no livro *A Era do Ressentimento*.

Fechado o parêntese do conceito de PNL, voltamos à ação do corpo a partir do comando do sistema, onde se encontra o nosso 'computador central', também chamado de cérebro. Assim como algumas enfermidades podem ser geradas de dentro pra fora, anomalias podem ser curadas acessando recursos que já estão dentro de nós. É o caso de fobias e alergias. Durante a formação de PNL, pude testemunhar a cura de uma aluna da alergia que tinha a gatos, ao acessar recursos que existiam dentro dela.

Outros exercícios libertadores nos possibilitaram fazer uma verdadeira limpeza no nosso sistema colocando pra fora toda a 'tranqueira' que deixava o corpo carregado de sensações desagradáveis. Ao fim deste dia, estávamos leves como uma pena, prontos para dirigir a própria vida como se fosse um filme, assumindo a direção de cada *take*.

Falando nisso, mudar o comportamento indesejado na 'fonte' foi um desafio para cada aluno no segundo módulo do curso. Para isso, utilizamos ferramentas interessantes que nos possibilitaram experimentar como dirigir a própria vida como se ela fosse um filme. Se bem que, se pararmos para pensar, de fato, a nossa história é um filme, só que real. E, assim como os diretores de cinema, nós também podemos mudar a versão do roteiro e alterar as cenas.

Pudemos compreender, através da PNL, que a história que contamos, seja do que for, é uma metáfora. Contamos de acordo com o que conseguimos representar sensorialmente. Por meio dessa linguagem - a metáfora - é que conseguimos criar os estados emocionais a partir de uma representação das lembranças. Desta forma, ressignificamos acontecimentos ruins, mudando o fim da história.

São estas representações sensoriais que nos permitem pensar fora da caixa e sermos criativos. Ser criativo depende de ser flexível, principalmente na forma de pensar, a qual se reflete no físico. Aprendemos que flexibilidade é tudo em PNL. Que ir por caminhos diferentes, interromper o padrão, tanto em si como no outro, gera flexibilidade.

Ao chegarmos a esta consciência aprendemos, também, como desempenhar atividades que devemos, mas não queremos, de forma motivadora e a controlar os próprios pensamentos, sabendo que o resultado será refletido em sintomas fisiológicos. Chegamos, então, à conclusão de que, no fim das contas, o algoz somos nós mesmos ao alimentarmos pensamentos que não nos deixam bem.

A essa altura do curso, já estávamos convencidos do potencial ilimitado do ser humano. E que não se trata de crise existencial. Mas de descobrir as inúmeras possibilidades de colocar em prática projetos que só existem na mente. Descobrir as formas de se comunicar de forma eficaz utilizando não mais o conhecimento empírico da própria linguagem e, sim, o conhecimento científico de como o ser humano funciona e como pode escolher a maneira como quer funcionar. Parar de se esconder numa rotina frenética de trabalho para justificar a falta de tempo para si mesmo.

Este 'sacode' nos permitiu a estarrecedora descoberta de que poucas pessoas vivem, a maioria existe. O que também pode ser entendido como deixarmos de fazer aquilo que gostaríamos, por limitações impostas, na maioria das vezes, por nós mesmos – sem sabermos.

Compreendemos, então, que temos todos os recursos para chegar aonde quisermos e que tudo está ao nosso alcance. Basta acessarmos estes recursos para sair desta zona de conforto criada por nós mesmos. Mas, isso vai depender do nível de flexibilidade de cada um. Ou seja, a capacidade de se adaptar às circunstâncias.

Ao longo da formação, também tomamos conhecimento de vários outros processos de comunicação que delimitam experiências externas, as quais não precisam, necessariamente, ser internalizadas. É o caso, por exemplo, do juízo que as pessoas fazem de quem somos, principalmente os negativos. Em suma, se sabemos que não somos aquilo que estão falando, não precisamos absorver nada disso.

Em outro momento, aprofundamos os conceitos dos Sistemas Representacionais, que são as maneiras de experimentar o mundo, através dos sentidos. E exploramos ferramentas que estão dentro de nós para nos reprogramar, ou seja, mudar o nosso comportamento a fim de sair do papel de vítima e nos tornarmos mais proativos em relação ao controle da própria vida.

Com exercícios práticos desse tema, identificamos nossas preferências sensoriais de experimentar o mundo. Essa identificação foi fundamental para sabermos como nos comunicar com outras pessoas por meio dos canais em que elas estão emitindo suas mensagens.

Pudemos, então, identificar o canal de comunicação dos nossos colegas de curso e perceber que os ruídos no processo de emissão e recepção das mensagens diminui, consideravelmente, porque podemos entrar no canal deles.

Estas preferências sensoriais estão relacionadas ao que a PNL chama de Sistemas Representacionais, que são as formas como experimentamos uma mensagem recebida: sistema cinestésico (sensação de equilíbrio, toque e emoções); sistema visual (imagens internas, visualização, 'sonhar acordado' e imaginação); e sistema auditivo (ouvir música internamente, falar consigo mesmo e reouvir as vozes de outras pessoas).

Qualquer que seja o Sistema Representacional de nossa preferência, ele vai gerar uma programação que se converterá em ações.

Falar consigo mesmo, por exemplo, é uma maneira de pensar. Quando você pensa, verbaliza e, automaticamente, o seu cérebro programa a sua ação. Porém, é mais importante a estrutura da fala (que pode ser visual, auditiva ou cinestésica) do que a fala em si. Pois esta última nem sempre diz tudo. Muitas vezes, a forma como você olha pode falar mais do que aquilo que estiver dizendo, por exemplo.

Mas o exercício que mais nos confrontou foi o momento em que fomos desafiados a colocar no papel as nossas metas e objetivos de vida. Aprendemos que o sucesso depende daquilo que se quer, depende da consciência que se tem do que estamos fazendo no mundo e o que se pretende a partir do momento em que descobrimos onde e por que estamos ali.

Ao colocarmos no papel, o que não faltou foi dúvida de como executar nossas metas e objetivos. Foi o momento crucial para identificarmos nossas limitações para chegar aonde queremos. Nem todos conseguimos concluir a tarefa de tão embaraçados que ficamos. Mais impactante, ainda, foi quando fomos desafiados a buscar dentro de nós as ferramentas necessárias para simular a materialização dos projetos que estavam na mente. Saímos da aula impactados com a incrível experiência de descobrir o próprio potencial.

Na aula seguinte, novamente fomos levados a experimentar sensações, desta vez, do ponto de vista do outro. Foi uma experiência incrível para eliminar dificuldades de relacionamento. O exercício possibilitou vivenciarmos a primeira posição (nós), a segunda posição (o outro) e a terceira posição (observador).

Ao fim de oito dias de um intensivo aprendizado sobre as ferramentas de um sistema chamado ser humano, a visão embaçada inicial deu lugar a uma lente com foco 360°. O mundo já não era o mesmo. A cada dia que passava, um ajuste era feito ou uma ferramenta era trocada. Até que, no último dia, assim como toda máquina precisa ser 'resetada' quando sofre uma pane, o nosso sistema também foi 'reiniciado'.

Como acessar seu eu interior

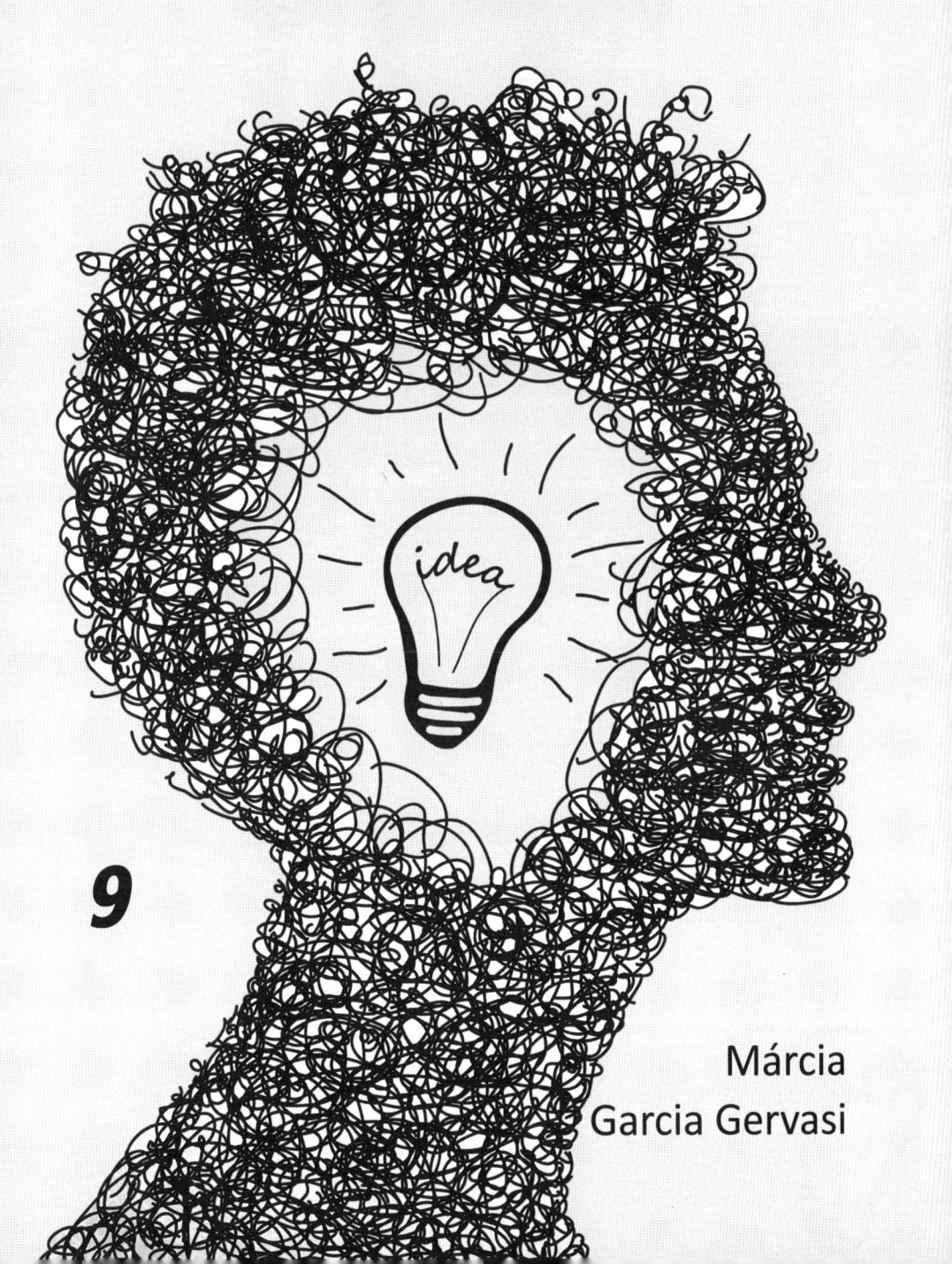

9

Márcia
Garcia Gervasi

Márcia Garcia Gervasi

É um ser humano! Ou seja, luz divina de Deus na terra, que se encontra em busca de autoconhecimento aliado à curiosidade de ser sua melhor a cada dia, modelando o amor de Jesus Cristo e sua mãe, dona Sissi.

Formações:

Treinadora Comportamental – IFT;

Master PNL – SLADH;

Master Coach – SLAC;

MBA Marketing – FGV;

Ciências Contábeis – Univali, Itajaí (SC).

Contato:

Celular e WhatsApp: (47) 99997-6127

Como acessar seu eu interior

O meu primeiro contato com a Programação Neurolinguística (PNL) veio através dos livros que li durante minha formação em Coaching. Conforme eu ia lendo, percebia que cada vez mais os autores escreviam para mim, pois tocavam em minhas emoções, lembranças e sentimentos.

Como eu tinha crenças de escassez em minha vida, queria trazer algum instrutor/palestrante de PNL para Santa Catarina, assim eu economizaria na minha formação, e tentei isso por duas vezes, porém, não deu certo.

Uma amiga que fiz nesta jornada do conhecimento me falou que faria o treinamento de PNL em São Paulo e, sabendo da minha busca, convidou-me para participar e assim eu aceitei o convite e fui com ela. Fiz minha inscrição três meses antes do início do curso. No meu primeiro dia de aula o professor e mestre Ricardo Abel Tavares já nos aguardava dentro da sala, fez sua apresentação e o seguinte comentário: "Eu não sei exatamente o que cada um de vocês veio buscar aqui neste treinamento de Practitioner de Programação Neurolinguística, mas, tenho absoluta certeza de duas coisas: vocês sairão daqui pessoas com suas vidas transformadas, e, se vocês vieram até mim, é porque tinha que ser vocês e agora vocês fazem parte da minha jornada".

Ao ouvir essas palavras, eu fiquei encantada com tanta sabedoria e, com simplicidade, ensinou a mim e meus colegas de treinamento a ver, viver e sentir a vida de uma maneira mais leve, verdadeira e usando como base todo o conhecimento interior de cada um de nós, nos ensinando a acessar todo o nosso potencial humano.

Eu efetivamente busquei a PNL devido à carência afetiva por mim mesma, tristeza, mágoas, ansiedade, dores físicas, cansada de falar e as pessoas não entenderem o que eu dizia, medo da segunda-feira, de falar em público, de ser só mais um número na multidão. Esses fatores foram determinantes para eu investir em mim mesma, e assim eu o fiz!

A Programação Neurolinguística não só mudou a minha vida, mas melhorou a minha existência e experiências neste século XXI, mudou a minha forma de ver, ouvir e sentir a vida, e entender um pouco do outro, em minha singela sabedoria. Falo singela pois sempre comento que, quando eu acredito saber alguma coisa, logo em seguida estou em situações nas quais descubro que de nada sei. Quando comecei a buscar por autodesenvolvimento humano, percebi que o caminho seria longo e muito dinâmico! O meu desejo de entender e saber mais de Programação Neurolinguística, sobre as emoções, fisiologia e conhecer um pouco mais a respeito do cérebro, de como esta máquina maravilhosa e silenciosa pode comandar toda essa estrutura chamada corpo e que, do meu ponto de vista, é extremamente complexa, com engrenagens que sabiamente se completam em suas rotações, sensações, prazeres, dores, e todos os tipos de sentimentos possíveis e imagináveis que o corpo carrega.

Mesmo com tantos conceitos existentes sobre PNL, eu gosto muito de um de quatro letras que eu mesma criei e uso diariamente que se chama VIDA. E, fazendo um acrônimo da palavra VIDA, cheguei ao seguinte resultado: Viver Intensamente o Dia e o Agora.

Confesso que tenho muito a aprender sobre tudo, pois viver é intenso e desafiador, enquanto existir é apenas existir.

Muitas palavras negativas foram eliminados do meu vocabulário, bem como muitas outras coisas que passo a contar a partir de agora e como consegui a grande virada na minha vida acessando o meu eu interior.

Sou de família simples, humilde e que dá muito valor ao trabalho honesto. Minha mãe, viúva aos 38 anos de idade e com seis filhos para criar, cinco deles adolescentes e uma menina de quatro anos, no caso aqui eu. Fomos criados para trabalhar e aqui começam a nascer diversas crenças, tanto as positivas quanto as negativas. Desta família fui a única filha que decidiu levar os estudos adiante. Estudei em escola pública o período do ensino fundamental e o ensino médio em colégio particular, onde ganhei bolsa de 60% e a diferença minha mãe pagava. Aos 17 anos concluí o ensino médio, ou seja, a formação que eu tinha como básica para aquela época e, aos 19 anos, entrei no mercado financeiro, onde trabalhei por 24 anos. Com este trabalho paguei minha faculdade, especialização, e construí a minha história de vida, família e realizei diversos sonhos, viagens, cursos etc...

Mesmo com tudo que eu já havia conquistado, lá no meu eu sentia que ainda faltava alguma coisa, e foi aí que começou um dilema dentro de mim entre o que eu acreditava que a empresa para qual eu trabalhava deveria fazer por seus clientes e o que ela realmente tinha como prática de impor a nós, colaboradores. A cada dia este desconforto crescia dentro de mim até que me "convidaram" para sair. Acredito que já era tão nítido o meu descontentamento com todas as coisas ao meu redor que tudo foi muito rápido e sou imensamente grata a este desligamento. Falando de desligamento, hoje tenho um conceito a respeito disso bem diferente do que eu tinha na época, ou seja, a empresa não o demite, é você que muda o seu comportamento a respeito do seu trabalho e a demissão ou promoção é apenas consequência dos fatos comportamentais. Confesso que levei uns dias para entender isto e agora é só gratidão.

Passados os sustos vieram os questionamentos do século XXI. Para que e a quem eu sirvo realmente? Quem sou eu? Foi então que me permiti viver o novo, viver realmente em consciência, e a Programação Neurolinguística foi o impulso que eu precisava para tudo o que mudei em tão pouco tempo. Sucesso é o que eu tenho conquistado diariamente na minha vida. Desde a primeira sensação de expansão da consciência, aconteceram tantas coisas boas nos últimos três anos que resolvi partilhar, para inspirar outras pessoas a darem o primeiro passo ou até mesmo uma virada de 360 graus em suas vidas também, e tornarem-se pessoas felizes e conscientes do seu papel na sociedade, sua missão e propósito de vida. Isso para mim é sucesso e, se eu consegui, você também consegue!

Comecei com a minha reprogramação mental utilizando um exercício chamado neurolinguística de alinhamento, ou seja, organizar os meus valores e conceitos em níveis neurológicos. Dessa forma, tive a oportunidade experiencial de reconhecer os meus limites dentro de ambientes, minhas ações comportamentais, minhas estratégias, de acordo com a minha capacidade, as motivações que me permitiam agir de acordo com minhas crenças e valores, chegando assim na identificação da minha missão e consequentemente com a evolução espiritual, isto é, a quem mais eu posso atender com o meu conhecimento.

Depois deste maravilhoso exercício, passei a ter uma troca de energia muito intensa com o universo e a entender que tudo está dentro, ou seja, dentro de nós, dentro de casa, dentro do planeta. Falar sobre isto aqui parece ser muito fácil e simples, e de certo modo é, porém, ser tocado no seu coração por um amor maior, verdadeiro e puro, veio definitivamente quando entendi o meu propósito de vida, para que a minha missão pudesse ser clarificada definitivamente e, então, entendi que tudo o que quero já tenho dentro de mim e o que eu precisava fazer era acessar este meu eu interior!

E como eu fiz isso?

Alguns pontos na minha vida que foram alterados para uma mudança de consciência do meu eu interior foram:

1) Meditar: diariamente faço 30 minutos de meditação pela manhã e antes de dormir, utilizo *mindfulness*, **Hooponopono** e meditação transcendental;

2) Exercício do não julgar: trabalhar esta parte em mim é a mais desafiadora, pois às vezes parece ser psicossomático e quando vejo estou dando os meus escorregões, daí respiro e volto para meu eu interior novamente; quanto mais consciente do que estou fazendo menos tenho tempo para cair em julgamentos alheios.

3) Doação: passei conscientemente a me doar mais para minha filha e meu marido, ou seja, deixando alguns compromissos de lado para estar presente na vida deles. Trabalhei a escuta atenta para entender o que o próximo está comunicando comigo, utilizando *mentoring* para apoiar seres humanos a se encontrarem, eliminando assim dúvidas. Apoio também com valor financeiro para alimentação dos mais necessitados através de órgãos de voluntariado em minha cidade.

4) Gratidão: agradeço diariamente tudo o que tenho, até mesmo algo que não seja do meu agrado, pois tiro a seguinte mensagem: o que isso veio me ensinar?

Tenho outras técnicas que utilizo também, porém as mais simples, rápidas e com tanta eficácia quanto outras são as quatro que descrevi acima. Perceba que não há nada de mirabolante, o que há é amor por mim mesma e por meu próximo, carinho e atenção plena para as minhas atividades diárias, estar consciente em minhas ações, tempo de qualidade com minha família, respeito e diversão na jornada.

Concluo que, se você está levando a sua vida no piloto automático, como dirigir um carro ou simplesmente caminhar sem se lembrar que passou por determinado caminho, entrando e saindo de casa acreditando que sua casa virou hotel, a hora é agora. Sugiro que realinhe tudo o que o está incomodando, elimine crenças limitantes, permita-se viver em consciência do seu eu interior, de estar presente com você mesmo. Coisas simples e que fazem você deixar de existir e passar a viver, viver com criatividade, flexibilidade, autorresponsabilidade, realização de seus sonhos e metas entre muitas outras coisas que assim desejar. Entre o céu e a terra, tudo é possível desde que você queira e assim se permitir fazer! Manifeste o poder que mora dentro de você.

Programação Neurolinguística como meio de vida plena e consciente

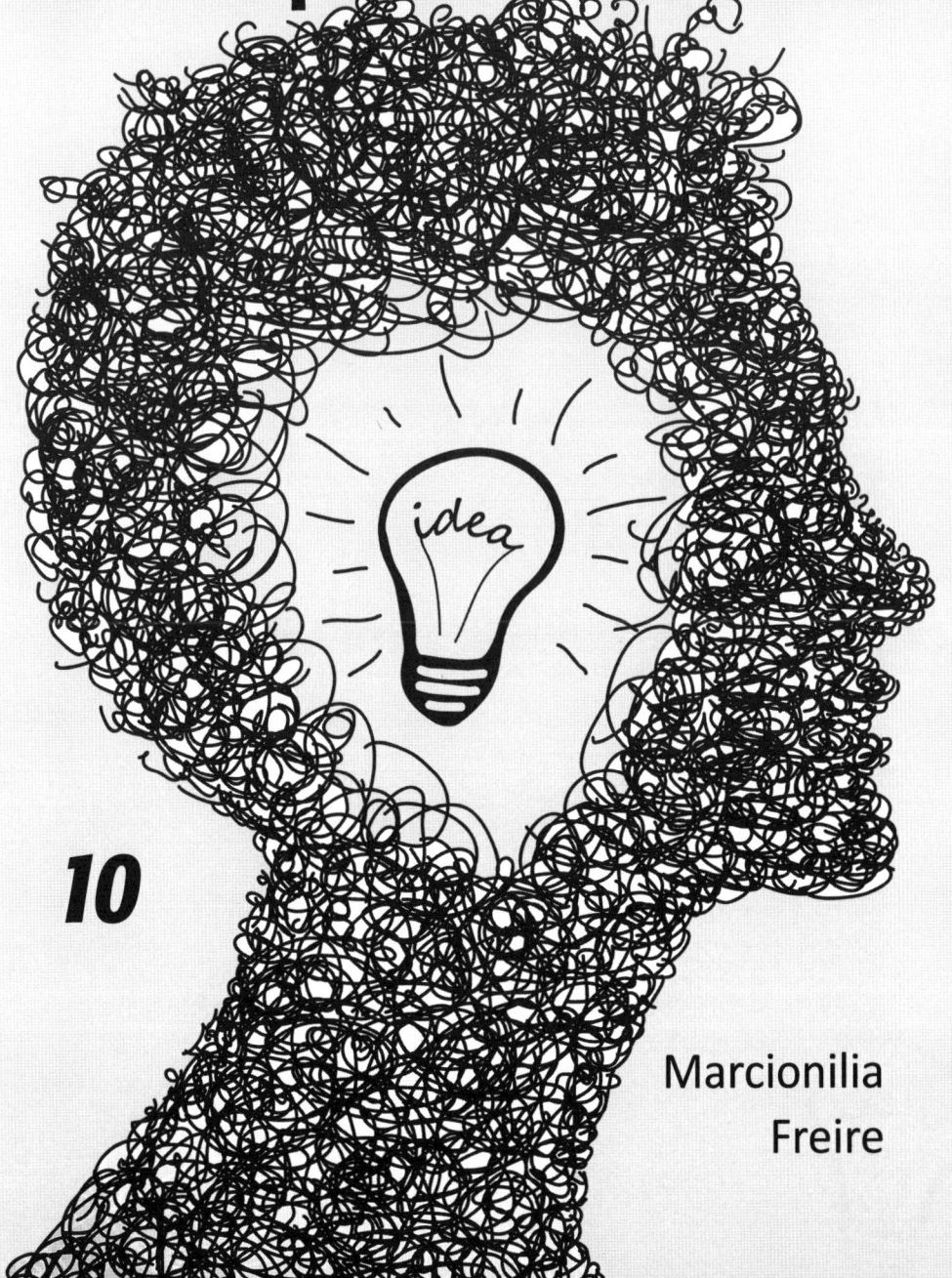

10

Marcionilia Freire

Marcionilia Freire

Diretora e cofundadora do Instituto Equânime, criado em 2014, promovendo formações de Coaching e Programação Neurolinguística (PNL), treinamentos aberto e *in company* de formação para Gestores, Análise de Perfil Comportamental, Leader Coach, The Money Clinic e Educação Financeira.

Membro da Ordem dos Advogados do Brasil, Sessão Amapá, sob o registro nº 1.300B, desde 2005. Gestora Administrativa da Sociedade de Advogados Freire Advogados & Associados.

Idealizadora e criadora do Clube Coach em 2017 em Macapá/AP. Capelã pela Jethro Internacional Chaplaincy desde março de 2018.

Integrante do quadro de treinadores da Sociedade Latino Americana de Desenvolvimento Humano – SLADH.

Formada com certificações internacionais em Life Coaching pela International Association of Coaching Institutes; em Programação Neurolinguística pela International Association of NLP Institutes; em Mentoria de Inovação e Negócios pela Global Mentory Group; Analista de Perfil Comportamental.

Contato:
E-mail: marcionilia_freire@hotmail.com

Programação Neurolinguística como meio de vida plena e consciente

As experiências que vivi com a PNL me fascinaram desde o momento em que participei da primeira formação em Practitioner. Digo primeira porque posteriormente passei a trabalhar promovendo formações e assim estive presente e acompanhando de perto todas as nossas turmas.

A minha turma aconteceu num hotel no meio da floresta Amazônica, na cidade de Macapá, capital do Estado do Amapá, a única capital do Brasil cortada pela linha do Equador. Estava literalmente no meio do mundo.

A metodologia de ensino era diferente de tudo que havia experimentado. A aula acontecia num *deck* de madeira sobre uma lagoa coberta por uma vegetação que parecia formar um tapete verde sobre a água. Muitas árvores altas ladeavam o *deck*, árvores do tipo açaizeiros, uma palmeira que produz o açaí, uma fruta típica da região e muito apreciada pelo nortista. Um alimento com alto poder de nutrição e consumido como refeição.

Por vários momentos a fala do mestre Ricardo Abel Tavares era silenciada quando avistava as famílias de guaxinins passeando pelas passarelas que ligavam os chalés às áreas comuns do hotel.

A sonoplastia do ambiente ficava na responsabilidade do canto dos pássaros e cigarras. E nesse ambiente passei oito dias aprendendo e vivenciando a Programação Neurolinguística. Percebi que tudo que havia aprendido em livros, artigos e vídeos não se comparava à experiência vivencial de cada minuto em que inseria no meu sistema neurológico e físico a Neurolinguística.

Meu sistema de crenças me fazia acreditar que as técnicas me ensinariam a moldar pessoas para serem melhor. Mas qual o sentido de melhor pra mim? Eu queria que pessoas agissem e pensassem de acordo com minhas crenças. Na verdade eu queria que seus comportamentos fossem adequados para mim, mas o que é adequado pra mim pode não ser para o meu próximo.

Gosto muito da frase de autoria de Lao-Tseu (Tao Te-King) que diz: *"A pessoa que é muito insistente em seus próprios pontos de vista encontra poucos pra concordar com ela"*.

Nossos mapas mentais do mundo não são o mundo. Desde o nascimento somos submetidos a estímulos que passam por nossos filtros neurológicos através dos cinco sentidos e formam nossa representação interna.

Pessoas pensam sobre o mesmo assunto de forma diferente. O mundo é enxergado por cada um de nós de uma maneira única e particular. Cada um cria sua própria representação do mundo em que vive e isso reflete nos padrões de comportamento que seguem esse modelo.

Lembro-me de uma viagem pra Cambridge (Massachusetts/EUA) com um grupo de pessoas, entre elas alguns amigos próximos, outros conhecia, mas nunca havia tido contato pessoalmente e outros conheci na ocasião, todos ali com um único objetivo comum: fazer um curso de Mentoring, Inovação e Negócios. Como parte da programação do curso, no último dia tinha um passeio pelo *campus* das duas maiores universidades dos Estados Unidos, Harvard e MIT (Massachusetts Institute of Technology).

Éramos 13 pessoas hospedadas numa casa muito confortável com seis quartos e dois banheiros e que atendia todas as nossas necessidades. A estadia nessa casa durou dez dias e ao final coletei informalmente informações de cada um sobre como havia sido a sua experiência, as respostas foram as mais diversificadas possíveis e não houve uma resposta igual à outra.

A viagem foi um verdadeiro laboratório para meus estudos e pesquisas em relação a como funciona o ser humano sobre o aspecto da Neurolinguística.

O aspecto de aprendizagem do curso foi sem dúvida muito satisfatório. Contudo, a convivência com aquelas pessoas por dez dias foi o maior aprendizado. Cada pessoa com um mapa mental todo seu e tendo que se adequar àquela situação, longe de suas casas, vivendo uma rotina nova, num ambiente diferente, com pessoas que não integram seu dia a dia, sinapses de informações que acontecem a cada milésimo de segundo e, ainda, num outro país.

Portanto uma grande lição que a PNL me ensinou foi a de conviver bem com as pessoas e essa convivência não se aprende em livros, é preciso experimentar, por isso essa metodologia me fascinou, como disse no início deste artigo. Não basta apenas ler artigos, livros, fazer cursos online ou assistir vídeos, não funciona. A verdadeira essência está em praticar na sua vida todos os dias.

Quando passei a vivenciar a prática da Neurolinguística entendi que não precisava fazer ninguém aceitar minhas "verdades", assim como não precisava aceitar a de ninguém. Não existe certo ou errado uma vez que até os comportamentos mais reprováveis por uma sociedade têm uma intenção positiva. Era necessário apenas aprender a **respeitar** a maneira como cada um representa seu mundo e compreender que as pessoas fazem o melhor que podem a cada momento.

Respeitar a opinião das pessoas não quer dizer que concorde com tudo que ela fala ou faz, mas será que conseguimos praticar o respeito no nosso dia a dia em qualquer situação que confronte nossa opinião? Esse é o grande desafio!

Já ouviu falar naquela velha expressão "Política, futebol e religião não se discutem!"? De fato. Achar que minha opinião ou opção é a correta e a sua está errada é pura teimosia e perda de tempo. Uma coisa é querer expor meu entendimento, outra é querer impor.

Hoje, quando me deparo com situações nas quais as opiniões divergem, aproveito pra aprender mais e ampliar meu mapa e quanto mais amplo mais consigo viver em harmonia.

A PNL ensina pessoas a superar os obstáculos que as impedem de curar a si próprias. O primeiro e maior dos obstáculos é superar a sua incapacidade de acreditar que tem todos os recursos que precisa para atingir qualquer estado que deseja.

A palavra "recurso" aplicado à PNL tem significado de sentimento. Se seu desejo for ser uma pessoa alegre, confiante, compreensiva, agradável, corajosa, tranquila, persuasiva, segura etc... todos esses sentimentos um dia já se manifestaram de alguma forma na sua vida, do contrário não desejaria tê-los.

Supondo que você está diante de uma entrevista de emprego e se sente nervoso, isso quer dizer que está com ausência de calma, então busque acessar em suas memórias momentos em que você viveu uma situação de muita calma, tranquilidade, em que se sentiu muito seguro e acolhido. Se precisar, feche os olhos e se veja revivendo o momento em que você teve calma e traga pra dentro de si tudo que sentiu naquele momento. Permita-se reviver como se estivesse acontecendo agora. Aguarde uns minutos e você está pronto pra sua entrevista de emprego.

Então você deve estar se perguntando: "Se eu tenho todos os recursos, por que me sinto tão limitado?"

Em alguns momentos, em razão de circunstâncias que experimentamos, sejam elas fáceis ou difíceis, boas ou más, nos desconectamos desses recursos e o resultado é a limitação, o bloqueio e as crenças negativas.

A situação é tão simples que parece brincadeira de criança,

mas o nosso cérebro não distingue a realidade do pensamento. No momento em que você acessa lembranças boas seu cérebro entende aquele momento como o momento presente e automaticamente os recursos vêm junto. Simples assim!!!

Hoje eu vejo a Neurolinguística como um portal de entrada para uma VIDA PLENA E CONSCIENTE. Uma metodologia capaz de mostrar o melhor de você e trazer o "ser" a viver o seu presente e estar consigo em todos os momentos.

Comecei um novo ciclo da minha vida quando iniciei a prática da PNL e isso me proporciona uma vida com mais clareza, mais percepção dos meus sentimentos, do meu corpo e do meu ambiente, logo, tenho as repostas mais rápidas para meus desafios.

Desafios vão nos seguir pela vida inteira, mas com a PNL você muda a forma de vê-los. Falo isso porque depois que comecei a trabalhar com PNL fui apontada como aquela que sabe resolver tudo, já ouvi de amigos e parentes: "Mas não é você que faz PNL???"

A PNL não transforma ninguém em um ser perfeito, mas mostra que você tem todos os recursos pra viver uma vida muito melhor, no entanto, isso somente é possível se você se permitir viver e praticar os ensinamentos. E eu o convido a praticar PNL.

Vamos começar?

Minha metamorfose através da PNL

11

Maria José
Alves da Silva
Normando

Maria José Alves da Silva Normando

Formação em Personal & Professional Mentoring pela SLAD/Training, Porto, Portugal.

Pedagoga pela Ufam (Universidade Federal do Amazonas).

Mestra em Educación, Planificación, Inovación Y Gestión de la Práctica Educativa pela Universidade de Alcalá, Espanha.

Especialização Qualidade Total na Universidade de Washington, USA. Estágio na Babson College, EUA (Foco na Gestão Empresarial e Empreendedorismo).

Consultora em Gestão Empresarial e Desenvolvimento de Pessoas.

Especialista e consultora de Treinamento e Desenvolvimento de Pessoas – Brasília-Unipaz.

Programa de Desenvolvimento de Lideranças – Fundação D. Cabral/Nacional.

Formação em Programação Neurolinguística – Sociedade Latino Americana de Desenvolvimento Humano.

Analista de Mapeamento de Perfil Comportamental – Profiler.

Minha metamorfose através da PNL

"A mente é uma arma poderosa. Ela pode nos escravizar ou nos fortalecer. Ela pode nos mergulhar nas profundezas da miséria ou nos levar às alturas do êxtase. Aprenda a usar o poder com sabedoria." David Cuschieri

Como surgiu a PNL na minha vida

Tem coisas que acontecem na nossa vida que de imediato julgamos que aconteceram tardiamente. Entretanto, dificilmente paramos para pensar que aquele acontecimento surgiu na hora certa, no cenário certo e, por que não dizer, para a pessoa certa no sentido de que aquele era o momento em que a necessidade e o preenchimento dessa iria ter uma significância muito especial e fazer a diferença na vida da pessoa. Foi com essa trajetória que a Programação Neurolinguística (PNL) surgiu na minha existência e já começo revelando a vocês que fez uma reviravolta maravilhosa na minha trilha de vida.

Contextualizar esse momento é importante para que você perceba o cenário que me envolvia onde eu me julgava pronta para os desafios que estariam por vir. Com um perfil de pessoa aguerrida, executora, destemida e sobretudo profundamente comprometida com quaisquer ações que se impunham em minha vida. Foi então que decidi, após 40 anos atuando em uma instituição de grande relevância para o segmento empresarial, desligar-me profissionalmente e seguir uma trilha autônoma. Muito me valeu nesse momento de decisão difícil a experiência acumulada, minha dedicação aos estudos e em especial por ter sabiamente absorvido muito das fantásticas oportunidades que a instituição nos favorecia quanto à atualização incessante de conhecimentos técnicos, o que fortalece qualquer pessoa a pisar fora de seu *habitat* de 40 anos.

Todos os atributos relatados me credenciavam para produzir cá fora o sucesso vivido dentro daquela organização. Isso não deixa de ser verdade. O perfil que construí ao longo dos 40 anos foi fundamental para estrear no mundo "de voo solo". Não me faltavam: credibilidade, garra, persistência, visão de mundo, muita força para correr até atingir as metas etc. Mas, como se fosse um passe de mágica, ao abrir as cortinas do palco da vida fora daquela instituição o cenário logo foi me dizendo que os meus coadjuvantes, que por muitos e muitos anos estiveram no palco comigo, tais quais a persistência, a garra, a determinação, o gostar de estudar e muita credibilidade, não eram o suficiente por si só para manter o sucesso que sempre obtive. A vida, como uma excelente diretora de cena, me sinaliza que, para que eu atingisse as METAS homéricas, as quais havia traçado como empreendedora de meu negócio, deveria me movimentar de modo diferente. A sensação é de que eu estava fazendo tudo certo, os resultados já se apresentavam positivamente, mas, ao mesmo tempo, sentia que faltava algo. Questionava-me diuturnamente. Avaliava o lado espiritual e chegava à conclusão de que minha conduta de vida me apontava que eu estava no caminho certo. Avaliava religiosidade e concluía que estava centrada numa forte fé e praticante de uma religião magnífica, no meu caso a católica, e que por consequência me trazia um estado de plena felicidade. Avaliava meus planejamentos e tudo parecia dentro da mais elevada conformidade técnica. Avaliava as minhas forças e tomadas de decisões para implementar meus projetos e concluía que estava fazendo bem essa parte. Então, o que faltava de fato para que eu pudesse sair de um voo usando um equipamento 737 e passar a pilotar um equipamento A380?

O encontro com a PNL

De repente, não mais que de repente, como dizia Vinícius de Moraes, e com certeza não por um acaso, lá fui em busca de novos conhecimentos. Cheguei a Boston, nos Estados Unidos, para fazer um curso espetacular sobre MENTORING. Minha família me acompanhou no curso. Experiência fantástica coletivamente. Lá conheci Ricardo Abel. Mestre da melhor qualidade. Curso concluído. Mas, em uma daquelas conversas sociais, Abel falou sobre a Programação Neurolinguística e de sua importância na nossa vida, desde que praticada com a mais elevada seriedade. O assunto chamou muito minha atenção. Que tema era aquele que me fascinava ao ouvir que a prática da Neurolinguística leva a pessoa a ter a mestria de sua vida, ter tudo que deseja, conhecer como a pessoa funciona, como ter excelência em tudo que pratica. Naquela conversa, relembrei-me de imediato de uma leitura que havia feito no passado recente sobre o tema, mas que Abel, na sua sábia simplicidade, me elucidou em poucos minutos. Era a definição de que a "PNL nos proporciona saber como eu funciono e como me relaciono com o mundo através da linguagem e sobretudo como eu posso melhorar essa relação de modo a ter excelência em tudo que faço, com pleno êxito em tudo que desejo". Outra coisa que me chamou muito a atenção foi a explicação do Abel de que a PNL estuda como o cérebro humano funciona, como ele absorve as informações do meio ambiente, como processa e registra e a maneira como tudo isso vai interferir nos nossos comportamentos, nas crenças, nos relacionamentos. Nesse momento, algumas fichas começaram a cair e aos poucos fui me perguntando: será que é isso que me falta? essa falta do conhecimento de como de fato eu funciono, como a minha mente está trabalhando a meu favor, ou seja, como a minha estrutura mental poderá me trazer os resultados que eu desejo? Não sei explicar exatamente mas, naquele momento, é como se meu coração falasse: é por aí... é isso que talvez esteja faltando para você chegar aonde quer e encurtando caminhos.

Tirando a prova dos 9

Parafraseando a expressão popular "tirando a prova dos 9", que significa tirar uma conclusão mais segura, tomei a iniciativa de fazer uma formação em Neurolinguística. Já nesse momento fui além, ou seja, resolvi promover pela nossa empresa um curso nessa formação à luz da condução do Ricardo Abel. Assim foi realizado. Em tempo recorde formamos a turma e lá me deparei com o fantástico aprendizado de como nossa mente funciona, como reestruturá-la e como prospectar minhas metas através da Programação Neurolinguística. A partir daí, se eu já tinha uma condução positiva de minha vida, imaginem o salto que dei com todo esse aprendizado. No curso, aprendi dezenas de metodologias que, ao praticá-las, pude vivenciar uma verdadeira revolução com as mudanças nas minhas programações mentais originadas pela interação entre o cérebro (neuro) e a linguagem (linguística). Em síntese, descobri que era exatamente essa fórmula que me faltava, quer dizer, conhecer como meu cérebro funciona e sua relação com a linguagem. Isso fez uma enorme diferença em minha vida em todos os campos. Como resultado prático e, por que não dizer, "tirando uma das provas dos nove", dou como exemplo a prática da ferramenta "futuro irresistível". O objetivo dessa ferramenta é: "Criar um futuro irresistível que estabelece uma direção positiva enquanto reconhece quais comportamentos configuram os objetivos de nossas vidas" (Apostila SLADH do curso Practitioner em PNL). Extraordinariamente, a prática dessa ferramenta me levou a prospectar um futuro irresistível cuja meta era realizá-lo muito mais tarde, mas que já está no nível de concretude. Muito rapidamente aprendi que a Programação Neurolinguística estuda o funcionamento do cérebro, como absorve as informações e como elas interferem nos nossos relacionamentos, decisões, crenças, atitudes e emoções.

Por tantas maravilhas que a PNL me trouxe e também a milhares de pessoas que já a vivenciaram, creio ser justo e oportuno expressar gratidão a Richard Bandler e a John Grinder, pais que a geraram. Do mesmo modo, a tantos outros que merecem o nosso reconhecimento entre os quais aqui destaco Robert Dilts, por levar a PNL à supremacia, e é lógico ao nosso mestre Ricardo Abel pela dedicação e esmero em disseminar tão relevante ensinamento, levando as pessoas a verdadeiras transformações. A eles, toda gratidão.

Novos aprendizados, novas atitudes

Muitos são os aprendizados que absorvi conhecendo a PNL. Destaco aqui alguns que impactaram efetivamente na minha compreensão e relação com o outro. Por exemplo, entender que "Mapa não é território" causou uma enorme melhoria na minha vida no sentido de entender o outro. No livro *Mude sua vida com PNL – Programação Neurolinguística*, Deborah Epelman diz que "o mapa é o conjunto de todo o aprendizado, as experiências, as coisas que uma pessoa possa ter visto, presenciado, assistido, lido, ouvido, percebido, sentido em sua vida e que estão registrados em sua mente". Continua Deborah e nos dá um alerta ao dizer: "Quando alguém está pensando sobre algo, é apenas uma forma de pensamento que está sendo utilizada, outra pessoa pode pensar sobre esse mesmo algo de maneira diferente... isso significa que o território pode ser verificado de formas diversas..." Então "o mapa não é o território". O maior aprendizado nessa questão é que existe uma grande diferença entre o que vemos e o que é realidade. E qual é a consequência dessa compreensão? Confesso que essa experiência em muito facilita os relacionamentos. Nosso nível de entendimento e aceitação do outro passam a ser mais ampliados. Passamos a ser mais compreensivos exatamente por saber que o que vejo, ouço ou sinto em relação ao que o outro disse ou fez pertence a ele e que o mapa não é de fato o território. Essa compreensão é ao mesmo tempo tão simplória quanto esplendorosa no sentido de que elimina conflitos, cresce o nível de aceitação do outro e por tudo isso elimina *stress*.

Outro feito que a Neurolinguística me ofereceu foi a necessidade de reprogramar a minha estrutura mental se quisesse ter sucesso. Ficou muito claro para mim que não se atinge o sucesso, não se alcançam metas, não se chega à abundância e prosperidade se não reprogramarmos nossa mente. É certo que a grande diferença entre as pessoas que atingem o sucesso e as pessoas comuns é sem dúvida a mentalidade. É essa que credita nossos resultados. Portanto, não é demais sugerir: mude seu pensamento e sua linguagem, adquira novas atitudes que a sua plenitude estará a caminho.

Finalmente registro que, dentre muitos aprendizados que a Programação Neurolinguística me trouxe, um dos mais significativos é a necessidade do desprendimento das crenças limitantes. Nossas crenças, em especial as que nos limitam às mudanças de atitudes, tomadas de decisões e isso tem como consequência um verdadeiro travamento de nosso desenvolvimento e alcance do sucesso. Então, se você sente que sua mentalidade, suas crenças limitantes não estão contribuindo em nada para você atingir o sucesso, digo que é hora de mudar a chave, ou seja, faça uma reprogramação mental. George Bernard Shaw diz: "É impossível progredir sem mudança, e aqueles que não mudam suas mentes não podem mudar em nada".

PNL me fez sentir mais e estar intensamente presente!

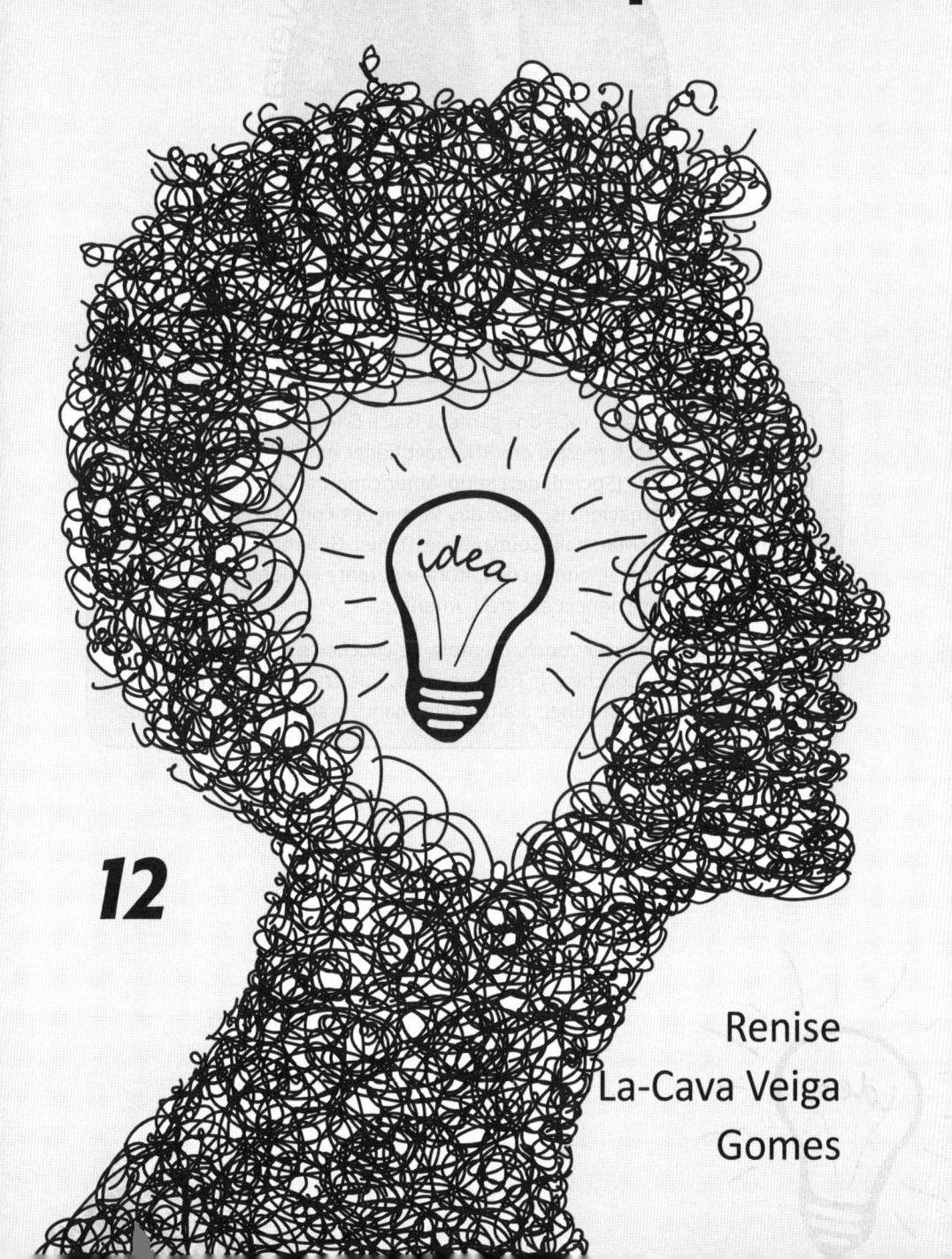

12

Renise
La-Cava Veiga
Gomes

Renise La-Cava Veiga Gomes

Cristã, mineira, casada, mãe dos gêmeos Isac e Daniel. Psicóloga, socióloga, assistente social e mestre em RH. Practitioner em PNL e *master coach* formada pela SLAC (Sociedade Latino Americana de Coaching), com 15 certificações internacionais, além das formações com Anthony Robbins, Timothy Gallwey, Marshall Goldsmith e Daniel Goleman. Trabalhou 31 anos na Caixa Federal, como consultora e gerente regional. Possui mais de 40 anos de experiência em treinamentos.

Hoje, atua como *master coach*, mentora de *coaches* e educadora. Fundadora da Potencial Coaching e Treinamentos, que trabalha para empresas e pessoas que querem atingir a alta performance e alcançar o seu melhor.

PNL me fez sentir mais e estar intensamente presente!

Quando a formação em PNL – Programação Neurolinguística chegou de forma completa, eu não era uma jovem nem uma profissional iniciante. Pelo contrário, já me considerava experiente o suficiente para que algo pudesse mudar tanto a minha vida. Ledo engano.

Estava com 58 anos, graduada em Psicologia, Ciências Sociais e Serviço Social. Possuía várias pós-graduações e um mestrado em Administração de Recursos Humanos. Havia me aposentado há dois anos da Caixa Federal, onde fui consultora, gerente regional e exerci a função de instrutora com os próprios empregados e terceirizados vinculados à empresa, enquanto me preparava para trabalhar exclusivamente com treinamentos.

Coincidentemente, no último dia da formação em PNL com o professor Ricardo Abel, estava encerrando também um MBA em Desenvolvimento do Potencial Humano, empolgada com o estudo sobre Psicologia Positiva, Neurociência, Logoterapia, Inteligências Múltiplas, Inteligência Emocional, Visão Integral, entre outros. Acostumada e apaixonada por buscar o aperfeiçoamento contínuo, achei que a formação em PNL completaria meus conhecimentos com um tema que conhecia de forma parcial.

Estava também num mergulho profundo em Coaching, que na verdade foi o que me levou a procurar a PNL para entender melhor a mente e o comportamento humano. Mas, embora considerasse que já trabalhava intensamente o meu eu interior e buscasse continuamente o autoconhecimento, a Programação Neurolinguística provocou uma transformação visível em mim, sentida por todas as pessoas mais próximas.

A mudança maior foi no meu jeito de ser, de forma inquestionável. Soltando a minha intuição, tornando-me mais flexível, menos ansiosa e muito mais serena e tranquila. Eu, que sempre fora agitada, entusiasmada, exagerada... comecei a me acalmar e a sentir-me mais equilibrada e em paz, aprendendo a fazer uma coisa de cada vez. A sensação era que foram colocados todos os pingos nos "is" e alinhados, ainda mais, os meus caminhos mentais.

O "**ESTAR PRESENTE de corpo e alma, no aqui e agora**" que eu vinha buscando chegou de vez... Não deixou espaço para o que não é feito com plenitude d'alma. Mas confesso que não sei explicar como foi. Comecei a formação de um jeito e saí de outro... aquela que eu buscava ser, aquela que eu realmente sou, sem subterfúgios e desculpas, sem acúmulo de funções, sem preocupações excessivas, aquela que eu sou. Tudo vivido da melhor forma possível!

Como a PNL é o estudo da estrutura da experiência subjetiva, ao praticá-lo "eu me tornei" quem eu autenticamente queria ser e era, mas não conseguia perceber até então, impedida por crenças e paradigmas que eu havia adotado sem me dar conta. Ao aprender sobre os padrões de interação entre o cérebro e a linguagem, a prática de ferramentas transformou-me intensamente. Inconscientemente, adaptei comportamentos, linguagem e estratégias, saindo com um novo modelo mental. Dá para acreditar?! Foi uma grande mudança interna, bastante evidente para mim e percebida pelas pessoas mais próximas ou mais sensíveis. Sinto que ampliei a consciência das sensações e também a percepção das emoções adotando um comportamento mais congruente com o momento vivido. E passei a estar totalmente plena na maneira de experimentar o mundo.

Há tempos eu buscava não ser perfeita, mas inteira, sentindo-me no fluxo da vida, em contato com tudo que o momento presente pode trazer. Estar totalmente absorvida no momento presente, sentindo as sensações corporais, sem mesmo perceber o tempo passar. Alcançando estados de florescimento em um maior número de vezes. Sem me dar conta, parei de fazer muitas coisas ao mesmo tempo e passei a me dedicar com intensidade ao que estou fazendo.

E o que é a Programação Neurolinguística? Como funciona? De forma simplificada, podemos dizer que o cérebro capta as informações através dos cinco sentidos e armazena as que estruturam significado. Assim, nós vamos construindo uma série de representações internas da realidade e elaborando o nosso modelo de mundo. Temos uma representação subjetiva da realidade, onde estão nossas possibilidades e dificuldades. E a PNL nos traz um conjunto de ferramentas consistentes com as quais podemos alterar esses registros e então conseguir as transformações efetivas que queremos em aspectos pontuais de nossas vidas. E a mudança vai acontecer de dentro para fora, nas estruturas internas, de forma inconsciente, alterando crenças, memórias significativas de referência, ganhos secundários e aspectos que sustentam padrões. Foi isso exatamente que vi acontecer comigo. E que, por osmose, comecei a ver acontecendo com as pessoas próximas a mim. Ação e reação. Eu mudo e tudo muda.

A PNL entende que o cérebro aprende a se programar através de experiências significativas ou por repetição. E nossas programações estão estruturadas pelo tripé chamado de Trilogia da Mente: linguagem, fisiologia e representação interna. Assim, ao efetuarmos mudanças em um desses pontos do tripé, os outros também mudarão automaticamente. No meu caso, por exemplo, que uso preferencialmente a representação cinestésica com maior sensação de equilíbrio e de toque, acabo extravasando intensamente o que tenho vivido e transbordado em emoções. Percebi em mim mudanças comportamentais e emocionais que reestruturaram minhas programações e estabeleceram novos padrões, repensando as crenças estabelecidas e mudando o "como" fazer.

Além de tudo que a PNL mudou na minha vida, mudou na vida de clientes e de pessoas que convivem comigo.

Uma experiência recente que eu tive usando a cura rápida de fobia foi no caso de uma jovem de cerca de 20 anos que tinha fobia de elevador: desde pequena não andava de elevador sozinha nem com o elevador muito cheio. Só entrava em um elevador com pessoas em quem ela confiava, como os pais, a irmã, e, mais tarde, o namorado. Esse bloqueio se tornou um fardo em sua rotina diária. Ocasionava muitos problemas quanto a lugares a que ela precisava ir, como na visita a médicos, escritórios, faculdade, e outros compromissos. Ela deixou até mesmo de ir a festas e eventos ao saber que seria necessário usar o elevador e não conseguiria subir de escada por ser em um andar muito alto.

Foi nesse momento que ela me procurou, cansada de ter passado toda a vida com essa dificuldade. Estava prestes a conquistar um importante estágio em uma empresa cujo escritório ficava em um prédio muito alto e então resolveu procurar ajuda. Quando usamos a técnica da cura rápida da fobia, ela passou pelo processo de uma forma tranquila e ao final se sentiu disposta a enfrentar seu medo. Fomos até a área dos elevadores, ela desceu sozinha por um deles e eu desci pelo outro. E deu tudo certo! Então fizemos novamente e depois disso ela foi embora sozinha. A partir daí, usou o elevador sozinha por mais algumas vezes e sem nenhum problema.

A PNL faz essa mudança da programação mental e o melhor é que é um caminho sem volta, inteiramente em seu benefício.

Vivi muitas experiências interessantes contribuindo para mudanças de padrões alimentares de amigos e clientes, usando técnicas como Swish e algumas outras, modificando a vida de pessoas que queriam emagrecer ou parar de consumir alguns alimentos extremamente calóricos e há muitos anos lutavam contra a balança e os maus hábitos. A PNL conseguiu fazer uma mudança radical em suas mentes alterando realmente os padrões mentais de forma definitiva.

Outras experiências interessantes com amigas e clientes foram as mudanças que a PNL conseguiu fazer propiciando o empoderamento, o aumento da autoestima e da autoconfiança. Usando a estratégia Disney e outras técnicas como a ponte ao futuro, e até mesmo analisando questões passadas, a PNL ajuda a trazer à consciência essa confiança tão necessária em si mesma.

A felicidade é que nos levará ao sucesso, ao nosso sucesso, ao que é sucesso para nós. Para sermos felizes e bem realizados nós precisamos de mais satisfação pessoal e menos sacrifício. Hoje em dia esses conceitos mudaram muito e nós caminhamos para a realização plena. A PNL pode ajudar muito nesse processo. O que é felicidade para você? Do que você gosta e faz? Do que você gosta e não faz?

A principal mudança promovida pela PNL em minha vida foi aprender a não estar nem no futuro nem no passado, mas estar no meu momento presente, no agora. Só assim conseguimos reduzir a ansiedade e fazer mudanças estruturais no nosso cérebro a partir disso. E, apesar da correria do dia a dia, conseguimos parar um pouco, respirar tranquilamente e nos concentrarmos no que estamos fazendo ou em nós mesmos.

A PNL traz essa descomplicação de vida e simplificação de conceitos. Essa estrutura mistura várias filosofias e técnicas existentes em uma coisa só: viver a essência, viver aquilo que nos faz bem, o que nos trará benefícios físicos, mentais e diversos, muitos pontos positivos, curando doenças, transtornos, ajudando na prevenção de problemas, trazendo atenção para os movimentos que estamos fazendo, para a pessoa com quem estamos conversando ou a estarmos de fato presentes onde estivermos.

A PNL acabou se tornando um divisor de águas na minha vida e das pessoas com as quais convivo. Com o treinamento mental que eu já possuía pude perceber rapidamente que houve uma melhora significativa na minha qualidade de vida como um todo, conforme ia treinando, praticando e ensinando.

O autoconhecimento que eu já possuía se tornou um facilitador com essas novas e poderosas ferramentas da PNL, que potencializaram meu processo de mudança, a consolidação dos novos padrões estabelecidos e o desenvolvimento efetivo que ocorreu em mim.

Como conquistar uma Vida Plena, AGORA!

13

Ricardo Abel

Ricardo Abel

Atual presidente da SLADH (Sociedade Latino Americana de Desenvolvimento Humano), Master Coach Trainer pela International Association of Coaching Institutes e Master Trainer por meio da International Association of NLP Institutes.

Mestrado em Business Administration nos Estados Unidos. Economista com mais de 30 anos de experiência nas áreas Administrativa e Financeira e Consultoria, já treinou mais de 10.000 pessoas em treinamentos abertos e InCompany, capacitando presidentes, executivos, gerentes e diretores de diversas organizações nacionais e multinacionais, entre elas Banco do Brasil, Detran, Banpará, Escola Superior do Ministério Público. Possui certificações internacionais em Life Coaching, Executive Coaching, Team Coaching e Business Coaching. Treinador licenciado pela Corporate Coach-U (EUA) para ministrar os treinamentos Leader Coach – The Coaching Clinic. Tem ainda o licenciamento de Tim Hallbom, da NLP California Institute para ministrar The Money Clinic. Licenciamento empresa americana Solides International Inc. – para formar analistas em Assessment DISC®.

Integra o quadro de treinadores da International Association of Coaching e é autorizado a formar profissionais nos níveis de Professional Coach, Professional Executive Coach, Professional Leader Coach, Professional Master Coach e Professional Team Coach. Ministra cursos, palestras e treinamentos no Brasil.

Como conquistar uma Vida Plena, AGORA!

Com esse artigo, pretendo compartilhar minha experiência e minha paixão pela PNL; como ela entrou na minha vida e como, até hoje, minha vida é pautada em conhecimentos e estratégias oriundos dessa disciplina.

Quando ainda jovem, eu não conseguia me imaginar com 40 anos. Apesar do esforço de pensar no futuro, de programar a minha vida profissional e pessoal, eu não conseguia me ver com essa idade. Tentem imaginar, agora, como eu estava quando fiz 39 anos. Nessa época, eu trabalhava em um banco, era executivo nessa empresa. E confesso para vocês que estava preocupado, pois, mesmo já com uma razoável bagagem pessoal e profissional, eu continuava sem me visualizar além dos 40 anos.

Eis que, certo dia, passeando com meu filho em um shopping da cidade onde morava, vivi uma experiência que foi determinante para mudar o rumo da minha vida. Meu filho, então com três ou quatro anos, gritando, se jogou no chão, no meio de uma multidão que passeava pelo local. Ele gritava sem parar, enquanto eu fiquei parado, sem saber o que fazer com aquela criaturinha linda e que eu amava, mas que estava dando um show de como se berra em alto volume. Ele continuava gritando, e eu continuava parado, feito uma estátua, diante daquela situação, bizarra para mim. De repente, comecei a pensar:

— Eu sou economista, com excelente formação. Acabei de fazer o MBA pela Universidade de São Paulo (USP); tenho vários cursos na área de finanças, sou instrutor na área de gestão na Universidade Corporativa da empresa em que trabalho. Como, nesse momento, apesar da capacitação que me permitiu saber tanto sobre o mercado financeiro, sobre alavancagem financeira, mercado de ações, debêntures e tanto mais... não sei o que fazer e sequer como lidar com essa situação!

Para minha sorte, nesse momento, chegou a mãe. Ah, que habilidade! Num instante, com aquela habilidade que só mães têm, contornou a situação, e tranquilos voltamos para casa. Essa situação, no entanto, ficou martelando na minha mente. Não compreendia como, apesar de toda a minha preparação profissional, eu não estava preparado para lidar com uma situação cotidiana como essa, tão natural para a idade de meu filho na época.

No dia seguinte, chegando à empresa, sentei em minha mesa, e, lendo o jornal, um anúncio sobre uma formação de Programação Neurolinguística me chamou a atenção. Já tinha lido alguns livros sobre o assunto, mas o interessante, e que me surpreendeu bastante, no anúncio era o número pequeno de vagas, apenas 40. No entanto, a inscrição estava sujeita a uma entrevista pessoal com a treinadora do curso. Sem muito refletir, contatei a agência e marquei a entrevista, que ocorreu no mesmo dia. Surpresa maior, ainda, foi constatar que havia 200 pessoas interessadas em fazer o curso. Fui selecionado, e aguardei, ansioso, o início da formação. O local onde aconteceu a formação era especial, cercado de árvores e canto de pássaros.

Assim iniciei a minha jornada de PNL, pela qual sigo até hoje.

A primeira grande lição foi entender que tudo que havia lido sobre PNL era diferente da experiência de fazer a formação; junto aprendi que pensamento/teoria não é experiência. Foram nove meses de uma experiência inimaginável para mim e que mudou radicalmente a direção da minha vida, assim como minha compreensão de que podemos muito mais do que imaginamos.

Durante esses nove meses, ao final de cada módulo, eu compreendia, cada vez mais, a metáfora que eu criara sobre mim mesmo: não me ver com 40 anos. Isto é, ao concluir o treinamento, estava consciente de que aquele Ricardo, que iniciou o curso, não existia mais. Estava ali resolvida a metáfora de não me ver após essa idade.

Naquele momento, começava a minha jornada em busca de autoconhecimento, muito mais que de conhecimento. Passei a dedicar quase todo meu tempo de estudo na área de desenvolvimento humano. Iniciei o Master Practitioner e, logo que o concluí, recebi uma das maiores bênçãos da minha vida, que foi fazer o Trainer's Training, durante 23 dias, em um seminário jesuíta, no alto de uma serra, com o *trainer* americano Tom Best, considerado um dos melhores treinadores de Neurolinguística do mundo. Não bastasse tudo isso, o curso ainda me propiciou conhecer o mestre Bernd Isert, que me orientou muito nesta jornada.

Permitam-me abrir um espaço neste artigo para deixar registrada minha profunda e mais sincera gratidão a esses dois seres de luz, que já estão no Oriente Eterno, restando-me a saudade!

E no ano seguinte eu já era monitor de curso inicial de PNL. Logo após a minha formação como *trainer*, montei minha primeira turma, na cidade de Fortaleza, no Ceará, onde iniciei a minha carreira como treinador. Interessante nisso tudo, ainda, é que, quanto mais me empenhava em me tornar um treinador de pessoas, mais me afastava da minha carreira profissional, até que passei a me dedicar exclusiva e integralmente a ser *trainer*.

O período de transição entre a minha carreira executiva e a de treinador foi a mais desafiadora da minha vida, e, graças aos recursos da PNL, fiz da melhor forma possível, tendo sempre em mente as palavras de Nasrudin: teoria sem experiência é igual um burro carregado de livros.

Diante de um cenário completamente desconhecido para mim e sem experiência no mercado de treinamentos corporativos, usando e aplicando em mim mesmo todas as ferramentas e técnicas, descobri quanto minha resiliência pode contribuir para fortalecer o meu estado emocional nas situações de adversidade por que passei, seja no plano afetivo, social, cultural ou profissional.

Segundo Cyrulnik, a resiliência pode ser comparada à arte de navegar em meio à tempestade. Permito-me completar esse pensamento afirmando que a Programação Neurolinguística é a bússola interna que leva você a um porto seguro. Hoje, minha vida e todas as minhas ações são pautadas pela minha experiência prática e utilização de todas as ferramentas da PNL.

Mas, afinal, o que é PNL? Programação Neurolinguística é uma metodologia baseada em um de nossos pressupostos operacionais, que afirma que todo comportamento humano tem uma estrutura, e que essa estrutura pode ser modelada, aprendida, modificada e alterada (ou reprogramada); significa uma atitude caracterizada por um senso de curiosidade e aventura, movida pelo desejo de aprender a excelência humana e praticá-la com todas as pessoas e em todos os lugares, e ser capaz de ver a vida como uma oportunidade única e exclusiva para a aprendizagem diária. A maneira de realizar essas mudanças efetivamente está na capacidade perceptiva.

A PNL é uma tecnologia desenvolvida pelo *practitioner* (praticante) na gestão e organização da informação, bem como nas percepções objetivas que o levarão a aplicar a técnica precisa e com a qual se pode obter, às vezes, resultados surpreendentes. (CARRIÓN LÓPES, 2003).

Um livro que muito me auxiliou nesse novo momento intitula-se *NLP – The Essential Handbook for Business*, de Jeremy Lazarus. Nele, o autor cita, e me ajudou muito saber, uma série de técnicas, atitudes e ferramentas para alcançar três benefícios principais no local de trabalho:

1. Melhorando a comunicação: a PNL fornece uma série de

maneiras de se comunicar mais efetivamente com os outros e com você mesmo. O aprendizado de melhorar a minha comunicação interpessoal foi determinante nesta fase de vida.

2. **Mudando o pensamento, as atitudes, os comportamentos e as crenças:** a maioria das pessoas experimenta momentos de negatividade no trabalho. Às vezes, as pessoas se comportam de maneira que não são particularmente úteis, como procrastinar, mostrar inadequadamente a frustração ou não considerar outros pontos de vista quando isso seria benéfico.

3. **Replicando excelência:** se você gostaria de replicar a excelência no nível departamental ou organizacional (às vezes chamado de *benchmarketing*), replique a excelência em uma tarefa específica, como negociar ou gerenciar, ou replicar sua própria excelência em uma situação diferente.

Ainda na linha do compartilhamento, conforme me referi no início deste texto, apresento-lhes a ferramenta que fez toda a diferença no início de minha carreira como treinador, e até hoje é uma das principais que uso.

São as orientações que foram adaptadas do livro *Qualidade começa em mim – Manual Neurolinguístico de liderança e comunicação*, do dr. Tom Chung.

Para uma boa formulação de objetivos desejados

São requisitos para uma boa formulação de resultados desejados:

1) Os objetivos devem ser expressos em termos positivos;

2) A própria pessoa deve formulá-los e controlá-los;

3) Sugerir evidências sensoriais específicas;

4) Situar os objetivos num contexto lógico;

5) Que seja ecológico (benéfico) para a pessoa; e

6) Devem ser factíveis, ou seja, a pessoa deve poder realizá-los.

Questões para uma boa formulação de objetivos

1. Dito em termos positivos

a) O que você quer, especificamente?

Se você ou alguém que você esteja ajudando neste exercício disser: "Não quero me sentir mal", pergunte: "Muito bem, como é que você gostaria de se sentir?" E se você ou a pessoa responder "Vou saber quando não tremer mais", diga: "Muito bem, isto é o que você não vai fazer, e o que você vai fazer?"

b) Definir se o objetivo é iniciado e controlado por você.

Se você é do tipo que costuma dizer: "Consertem minha mulher/marido/filho!" ou "Eu queria tanto fazer isso, mas dependo de...", saiba que este objetivo jamais será realizado, porque não está bem formulado, já que seu desejo é mudar algo, ou conseguir algo, que está fora do seu alcance. Você pode lançar mão desse mesmo objetivo e transformá-lo em algo iniciado e controlado por você, acrescentando uma ou duas proposições:

— Trabalhar a mudança de seu comportamento para conseguir respostas melhores por parte daqueles que lhe interessam; ou

— Assumir a iniciativa e o controle do objetivo desejado é comprometer-se e assumir a responsabilidade pelo seu próprio sucesso.

2. Descrição baseada em dados sensoriais

a) "Como você vai saber se atingiu o resultado desejado?"

Faça uma descrição sensorial de seus comportamentos, de modo a concentrar-se em sua autoimagem, como se estivesse sendo observado por outra pessoa. Imagine, com detalhes e movimentos, você e sua vida com seu objetivo já realizado.

b) "Quando você atingir o resultado desejado, que tipos de sensações você irá experimentar?"

Isso faz com que você se concentre em suas sensações interiores.

c) "Quando você atingir o resultado desejado, que tipos de pensamentos você terá?"

Isso focaliza sua atenção em seu diálogo interno.

3. Os objetivos devem ser exequíveis

Se o objetivo for inespecífico, amplo ou global, pergunte a si mesmo sobre uma parte específica do que deseja e subdivida-o em objetivos menores, visíveis e realizáveis. Certifique-se de que as informações que você criar são sensorialmente descritas e não julgamentos:

"Com quem eu quero experimentar este resultado?"

"Onde eu quero experimentar este resultado em primeiro lugar?"

"Quando eu quero experimentar este resultado?"

4. Ecologia

Avaliar as consequências e possíveis efeitos colaterais do sucesso desse objetivo nos diversos contextos de sua vida. Como este objetivo realizado pode afetar sua vida pessoal, familiar, profissional, emocional ou espiritual.

Perguntas que normalmente fazemos, aqui, são:

"De que maneira este resultado afetará minha vida?"

"Como este objetivo poderia trazer problemas para mim?"

"Em que situação eu não quero este resultado?"

A chave-mestra do sucesso é aprender a perceber as pequenas conquistas. Lembre-se, pois, que a falta de evidências intermediárias faz com que você perca sua determinação e questione até o maior de seus objetivos.

É de evidências intermediárias eficazes que os líderes bem-sucedidos extraem sua automotivação para persistirem, consistentemente, nos seus objetivos, mesmo nos momentos mais críticos de sua jornada.

Evidências intermediárias

São como sinais que colocamos nas estradas para indicar aos motoristas e viajantes, periodicamente, onde eles estão e quanto falta para chegar. Essas evidências intermediárias são conhecidas também pelo nome de Kaizen.

Evidências finais

São sinais sensoriais que você estará vendo, ouvindo e sentindo quando tiver alcançado seu objetivo.

A boa notícia é que você pode escolher as evidências que forem mais adequadas para você. A má notícia é que, se você não assumir esta função, alguém o fará por você.

5. Passos

É importante colocar no papel todos os passos, com definição de prazos, que você seguirá até alcançar seu objetivo.

Qual será seu primeiro, simples, óbvio e pequeno passo efetivo em direção ao seu objetivo? (Deverá ser algo específico, uma ação que possa empreender dentro das próximas 24 horas.) Neste primeiro pequeno passo reside um dos maiores obstáculos do sucesso.

6. Limitações

"O que impede você de atingir o objetivo desejado?"

Muito cuidado para que aqueles objetivos, que valem a pena alcançar, não morram prematuramente, dando este passo antes de tê-los bem materializados e planejados em sua mente.

Vale lembrar que essas limitações não estão fora da pessoa, mas são limitações pessoais, comumente conhecidas como medo.

As pessoas que temem o sucesso, na verdade, têm medo da disciplina e responsabilidade que ele envolve.

7. Recursos disponíveis

"Que capacidades ou habilidades você já possui, hoje, para atingir o resultado?"

Identifique e relacione seus recursos pessoais de coragem, confiança, bom humor, criatividade, tranquilidade etc. Imagine como você superaria suas limitações se tivesse o recurso desejado.

A mensagem aqui é que: se você admira um recurso em alguém, ele já existe em você, embora ainda latente.

A seguir, repasso um modelo de programa, que poderá ser usado para sua inicialização na PNL.

Programa

1. Qual o estado desejado?

"O que se quer ou se deseja alcançar, ou seja, qual é o objetivo?"

_____
_____
_____
_____
_____
_____

2. Qual o estado presente?

_____
_____
_____
_____
_____

3. "Como saberá que o objetivo foi atingido?" Resposta baseada em números ou fatos concretos. (Descrever as ocorrências; os fatos.)

_____
_____
_____
_____
_____

4. Em que prazo o objetivo será alcançado?

_____
_____
_____
_____
_____

5. "De que forma este objetivo afetará (negativa e positivamente)". (Verificação?) (O que será somado, mantido e subtraído.)

_____
_____
_____
_____
_____
_____

6. Limitações

"O que o impediu de já ter alcançado o objetivo?"

_____
_____
_____
_____
_____

7. Recursos

"De que recursos dispõe para atingir o objetivo? De que recursos adicionais necessita?"

_____
_____
_____
_____
_____

8. Estratégia de ação

"Quais os primeiros passos?"

_____
_____
_____
_____
_____

"Quais os passos seguintes?"

_____
_____
_____
_____
_____

Encerro este artigo realçando que sou muito grato à Programação Neurolinguística, porque ela me deu uma nova vida, um renascimento para uma Vida Plena e, nessa jornada, celebro, agora, minha nova vida, como a vida de um agricultor, que planta sementes de Vida Plena no coração das pessoas.

Por fim, quero citar um livro que li e considero de muito

interessante leitura, *Sua vida em primeiro lugar*, de Cheryl Richardson. Desse livro, destaco a seguinte ideia: "Quando sua vida mudar e a mágica começar a acontecer, vai ouvir muita gente dizendo que você é uma pessoa de sorte". Meus clientes riem quando meus amigos e familiares dizem que eles nasceram "virados para a lua" em razão de todas as coincidências mágicas que acontecem em suas vidas. A verdade é que qualquer um pode ter sorte se estiver disposto a trabalhar. Comece agora! A vida que você deseja viver está à sua espera.

Paz Profunda!

PNL, um despertar para a vida!

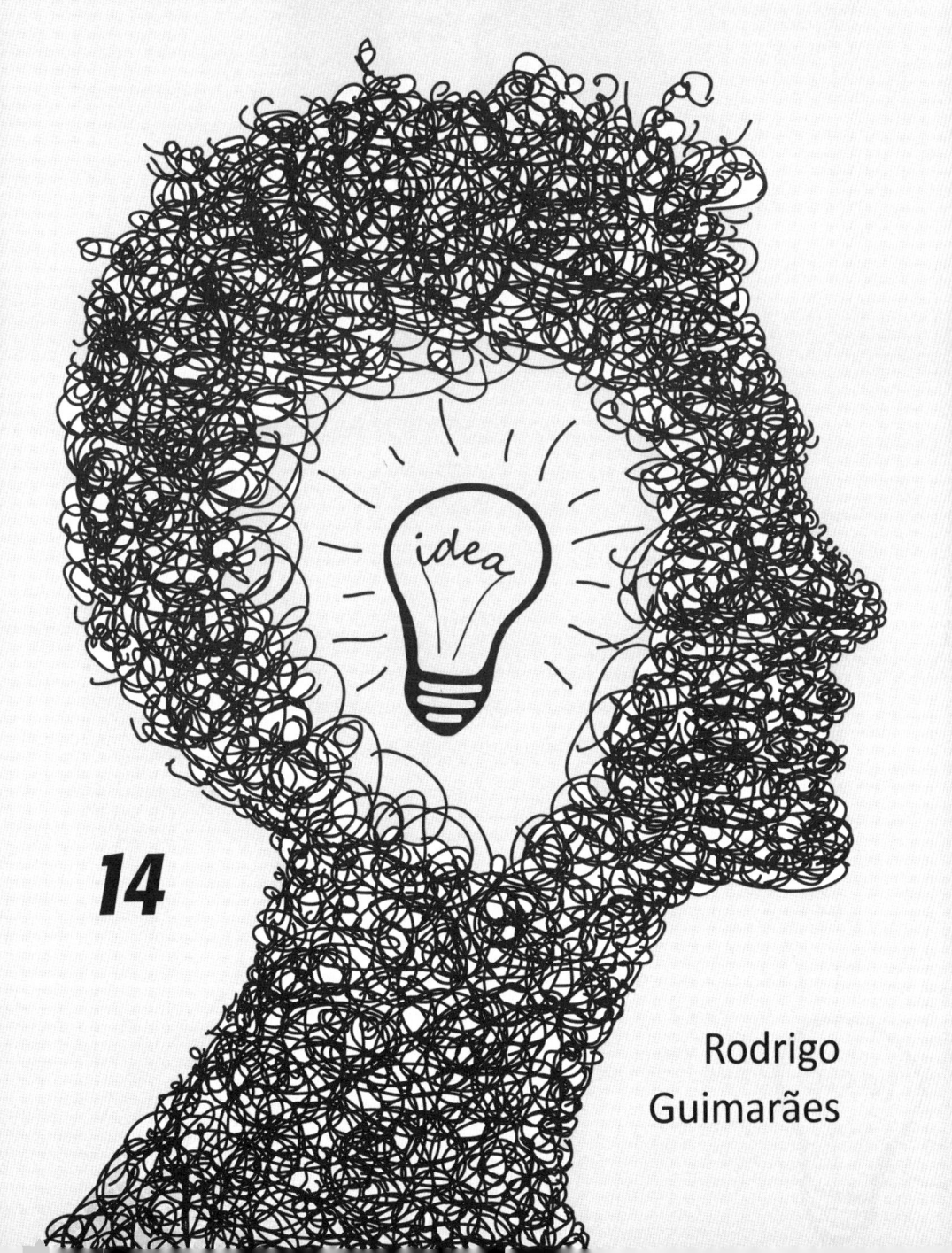

14

Rodrigo Guimarães

Rodrigo Guimarães

Gestor em Recursos Humanos – Universidade Estácio.

MBA em Consultoria Empresarial – Uni Ítalo.

Didáticas do Ensino Superior – Uni Ítalo.

Coach e Analista Comportamental – Sociedade Latino Americana de Coaching (SLAC).

Practitioner PNL – MSI.

Palestrante Motivacional. Criador da metodologia de mudança de comportamento em busca de sonhos e metas: Treinamento Transformação Poderosa.

Foi sócio-proprietário da Agência de Emprego e Treinamentos INDICARH.

Presidente do Instituto de Desenvolvimento Humano Águia Coaching – IDHAC.

PNL, um despertar para a vida!

Para entender um pouco de como a PNL mudou a minha vida, primeiramente será preciso conhecer como era, de forma resumida, a minha vida.

Olá, pessoal, sou Rodrigo Guimarães, hoje um profissional reconhecido pelos meus trabalhos de Coaching e PNL, uma pessoa que serve de exemplo para as outras, que ministra cursos e *workshops* de transformação de vida, que traz conforto para a vida das pessoas e as motiva a seguirem em frente em busca dos seus objetivos. Porém, a minha vida nem sempre foi assim.

Nascido de uma família humilde, sem muitos recursos financeiros, tive que começar a trabalhar desde muito cedo, como muitos meninos da região onde cresci e vivi a minha infância. Não restava muita coisa, era trabalhar ou simplesmente deixar a vida te levar, e essa segunda não seria uma das melhores opções.

Desde aquela época, o que mais me fascinava eram sempre as grandes histórias de sucesso das pessoas que conseguiam dar uma guinada em sua vida e ser bem-sucedidas naquilo que elas sonhavam. Eu também sempre fui muito sonhador, o que mais me emocionava nos filmes a que assistia durante a minha infância era o fato de as pessoas alcançarem os seus objetivos, era como uma espécie de energia que me invadia. Sempre tive como regra em minha vida jamais debochar ou criticar os sonhos de alguém, pelo contrário, sempre quis motivar e de certa forma auxiliar as pessoas a chegarem lá, me fazia muito bem isso.

Por um certo tempo e pelo meu modo positivo de ser, eu percebia que as pessoas vinham a mim para se aconselhar ou pedir orientações, e me deixava muito feliz saber que estava ajudando alguém.

No começo da minha vida profissional tive várias oportunidades, pois conheci pessoas de tamanha bondade que sempre quiseram me dar uma oportunidade. O interessante em falar de oportunidade é que quando você não a reconhece e aproveita ela pode passar por você e seguir adiante, e estar atento a ela se faz necessário.

Devido a minha limitada experiência de vida e pouca ambição, perdi algumas oportunidades que poderiam fazer toda a diferença para mim, até mesmo acelerar o meu processo em busca dos meus sonhos, mas também entendo que você pode criar novas situações e as oportunidades aparecerem, portanto, nunca me lamentei pelas oportunidades que passaram.

Comecei a minha vida profissional procurando sempre me destacar, mostrar a minha competência e esforço para fazer parte das empresas por onde passei, nunca quis levar comigo a fama de puxa-saco ou coisa parecida, portanto, estava sempre de prontidão, mas não era submisso. Procurava entender o que realmente era demanda da empresa e o que era demanda pessoal da minha chefia.

Pensando na minha vocação de ajudar as pessoas dando-lhes oportunidades, busquei uma formação na área de Recursos Humanos. Eu entendia que ali eu daria, de certa forma, oportunidade para as pessoas mudarem as suas vidas conquistando um novo emprego, o que seria melhor para uma pessoa do que uma empresa e novas perspectivas de vida? Tinha para mim também que assim que estivesse formado eu montaria uma agência de empregos, o que veio a acontecer realmente, e poderia ajudar tanto as empresas, com a contratação de pessoas para que elas possam ter mais lucros, assim como auxiliar a pessoa que estava desempregada a ter uma nova oportunidade de mudar a sua vida.

Empenhei-me em estudar e conhecer todo o universo da área de Recursos Humanos, mas quando me deparei com a parte de T&D (Treinamento e Desenvolvimento) confesso que foi como se eu tivesse encontrado um baú do tesouro. Poder capacitar as pessoas, fazer com que elas tivessem grandes resultados, tanto para a empresa quanto para elas mesmas, em sua vida profissional e pessoal, isso me fascinava. Tratei de me empenhar mais e dominar os conteúdos e livros disponíveis. Na própria faculdade comecei a mergulhar de cabeça, um dos meus maiores projetos, que me proporcionou grandes feitos, surgiu de um trabalho de conclusão da faculdade. Com a ajuda de amigos, criamos o projeto INTEGRA – DPP, que levava para as escolas mais carentes técnicas para que a pessoa pudesse se destacar no mercado de trabalho e na vida pessoal, eram dez temas em que os participantes conseguiam mudar sua percepção e desenvolver competências para atingir seus objetivos. Naquele momento eu ainda não sabia, mas já tinha em cada treinamento ministrado técnicas de PNL, de forma leiga, é claro, porém, eu só reconheci isso depois da minha formação de Practitioner em PNL e entendi como realmente usá-las.

Esse projeto me abriu muitas portas, e quando formado fui para o mercado, comecei a atuar como palestrante motivacional e recrutamento e seleção. Por um certo tempo eu tive êxito, mas, com o decorrer dos anos, sentia que todo o meu conhecimento e técnicas em treinamento estavam ficando ultrapassados e totalmente obsoletos, já não se falava mais em motivar e, sim, buscar nas pessoas mudanças efetivas e duradouras, pois cada vez mais o mercado pedia resultados.

Eu sabia que tinha de fazer algo para mudar essa situação e que precisaria me adequar ao que tinha de novo.

Formação em coach

Depois de muitas pesquisas e de muitos estudos, tive meu primeiro contato com o Coaching e descobri o que ele poderia fazer pelas pessoas que participavam dos processos. Era de se surpreender ver a forma rápida como as pessoas que passavam por esse processo conquistavam os seus objetivos, porém, tive um pouco de receio quanto a tudo isso. Muitas vezes, por não entender como funcionava o processo, criavam-se na minha cabeça algumas indagações e desconfianças. No primeiro momento a minha tendência foi de simplesmente criar uma aversão a esse novo universo, mas eu entendo hoje que na verdade eu estava me certificando de que, quanto mais objeções eu fizesse sobre essa formação, mais respostas eu teria que buscar para me certificar se realmente valeria a pena.

Chegou um momento em que eu não poderia mais recuar quanto a essa formação, o mercado já não era mais o mesmo, as portas se fecharam para todos aqueles que não tivessem uma formação em Coaching, que já era uma unanimidade nas grandes empresas e incorporações. Sendo assim eu decidi de uma vez por todas que iria ingressar de cabeça nessa nova empreitada, fiz as pesquisas necessárias de qual seria a metodologia e quais seriam os melhores mentores do mercado, pois uma coisa que tenho comigo é que se é para ser bom eu teria que andar do lado dos bons.

Logo com a minha formação finalizada em Coaching, comecei meu novo caminho no mercado e agora intitulado de *coach*, e de imediato comecei a colher maravilhosos frutos dessa nova formação, ser visto no mercado com um novo olhar e com um retorno financeiro que supriu mais do que esperado e, o mais importante, poder proporcionar para as pessoas essa tal mudança na qual eu sempre acreditei e tenho como missão.

A PNL e eu

Diante de tudo novo que estava acontecendo, eu sentia que

ainda faltava algo, e um certo dia, em um dos eventos realizados pela instituição na qual me formei como *coach*, fui aconselhado pelo meu professor a me aprofundar nos ensinamentos da PNL. Uma frase que me marcou muito foi quando ele disse que eu não veria mais o mundo da mesma forma que eu estava vendo naquele momento. Aquilo foi como se despertasse em mim uma tremenda necessidade de consumir esse conhecimento. Lembro-me que naquele dia mesmo comecei a pesquisar tudo que havia de informação sobre a Programação Neurolinguística, mas o que realmente eu precisava era viver esses ensinamentos, porque a PNL não é somente um estudo para ser lido, é para ser vivenciada e totalmente praticada.

Quando iniciei os meus estudos em PNL, lembro-me do prazer que tive de conhecer um universo novo. Meu mentor, Ricardo Abel, pelo qual eu tenho muita gratidão, mostrou ser uma pessoa totalmente apaixonada por ensinar e com um compromisso único de dividir os seus conhecimentos. Daquele momento em diante eu sabia que era um caminho sem volta.

Eu costumo sempre comparar a minha formação em PNL com aquele momento do filme Matrix em que o mocinho do filme, Neo, tem de escolher nas mãos do Morpheus uma pílula, em cada uma havia uma pílula, uma azul e a outra vermelha. Uma delas serviria para abrir os olhos de Neo para o que realmente seria a realidade e a outra o manteria no mundo das ilusões. Amigo leitor, naquele momento em que eu tomei a pílula da PNL pude perceber que dos meus olhos foram tiradas traves que me impediam de ver o que era a realidade, saber que todo o mapa criado em minha cabeça não era o território foi libertador. Foi como se eu tivesse vivido a vida toda em um piloto automático e toda vez que eu quisesse desligar o navegador minhas crenças limitantes sempre arranjavam um jeito e me prendiam a esse mapa.

O incrível não é somente quando se aprende a PNL mas quando a vivemos verdadeiramente. Lembro-me das reprogramações que me ocorreram no começo, e as quebras de cada crença limitante, o processo era tão intenso que eu literalmente sentia náuseas.

As mudanças que a PNL trouxe para minha vida

Com muita propriedade e feliz digo-lhe que a PNL me mudou totalmente e me transformou na pessoa que sou hoje, não digo isso por demagogia, mas pude viver verdadeiramente o que é toda essa transformação, hoje poder caminhar livre de amarras e dos comportamentos limitantes, vi sumir em instantes um peso de toda uma vida que eu carregava nos ombros.

O fato de eu descobrir que o mapa não é o território e saber que eu posso ter muito mais opções para onde eu possa seguir, me abre um leque de opções, chego a pensar nas vezes em que estive submerso em minhas limitações, eu não conseguia enxergar outro caminho, a mente se limitava e com isso eu sofria por não ter uma outra saída. Logo toda essa limitação era sentida em todo o meu corpo, muitas vezes me fazendo querer me entregar e em outras querer também desistir de seguir adiante em meus sonhos e por consequência sofria também com as emoções e sensações ruins, muitas vezes com falta de ar e até mesmo palpitações e pressão alta. Também me vi fora do peso, colhendo todas as complicações com minha saúde e limitações físicas, deixando de fazer as coisas que eu mais gostava, como praticar esportes e ter um lazer, e me fechando num mundo de sofrimento.

Os ganhos com a PNL são surpreendentes, a começar pela nossa própria saúde, escutei por muito tempo aquela frase "mente sã, corpo são" e pude vivenciar tudo isso aplicando em minha vida. Não adianta querermos ter sucesso se lá na frente, depois de conquistá-la, nós não tivermos condições de usufruir, cuidar do corpo é fundamental, não digo somente praticando exercícios, que é extremamente necessário para a nossa máquina, mas de uma forma geral, envolvendo também uma boa alimentação, hidratação, consciência corporal e desenvolver ainda uma mente saudável.

Com a descoberta da PNL e aplicando-a em minha vida pude colher a curto prazo uma transformação poderosa. Ganhos que vinha buscando durante toda uma vida e por mudar minha forma de pensar e agir me fizeram despertar para uma infinidade de possibilidades. Diante de tantas transformações experimentadas e grandes resultados adquiridos eu trouxe tudo isso também para minha vida profissional, comecei a desenvolver novos treinamentos e tendo um novo comportamento empreendedor, modelando grandes profissionais do mesmo ramo e inovando em meu campo de trabalho. Em meus treinamentos fico maravilhado com todas as mudanças que posso proporcionar através das técnicas da PNL que aplico. Nos meus atendimentos individuais, poder ver mudanças verdadeiras na vida de cada pessoa e trazer paz interior muitas vezes para mentes barulhentas que não conseguem mais ver uma nova saída, eu fico grato e realizado.

Hoje, além dos resultados adquiridos em minha vida, posso levar a todos ao meu redor e para aqueles que procuram uma verdadeira transformação em sua vida os benefícios da PNL, ajudar pessoas em grandes escalas e proporcionar a quebra de uma trave que as impede de olhar a sua vida pensando fora da caixa. A PNL é um despertar para a sua própria vida e leva a colher ao máximo tudo o que a vida pode lhe oferecer de bom, é um despertar de consciência para o que realmente importa e ter a certeza de que, se uma pessoa faz, qualquer um pode fazer.

Acredite e faça a sua vida valer a pena!

UM LIVRO MUDA TUDO

CONHEÇA MAIS SOBRE A
EDITORA LEADER

REGISTRE seu legado

A Editora Leader é a única editora comportamental do meio editorial e nasceu com o propósito de inovar nesse ramo de atividade. Durante anos pesquisamos o mercado e diversos segmentos e nos decidimos pela área comportamental através desses estudos. Acreditamos que com nossa experiência podemos fazer da leitura algo relevante com uma linguagem simples e prática, de forma que nossos leitores possam ter um salto de desenvolvimento por meio dos ensinamentos práticos e teóricos que uma obra pode oferecer.

Atuando com muito sucesso no mercado editorial, estamos nos consolidando cada vez mais graças ao foco em ser a editora que mais favorece a publicação de novos escritores, sendo reconhecida também como referência na elaboração de projetos Educacionais e Corporativos. A Leader foi agraciada mais de três vezes em menos de três anos pelo RankBrasil – Recordes Brasileiros, com prêmios literários. Já realizamos o sonho de numerosos escritores de todo o Brasil, dando todo o suporte para publicação de suas obras. Mas não nos limitamos às fronteiras brasileiras e por isso também contamos com autores em Portugal, Canadá, Estados Unidos e divulgações de livros em mais de 60 países.

Publicamos todos os gêneros literários. O nosso compromisso é apoiar todos os novos escritores, sem distinção, a realizar o sonho de publicar seu livro, dando-lhes o apoio necessário para se destacarem não somente como grandes escritores, mas para que seus livros se tornem um dia verdadeiros *best-sellers*.

A Editora Leader abre as portas para autores que queiram divulgar a sua marca e conteúdo por meio de livros...

EMPODERE-SE
Escolha a categoria que deseja

■ Autor de sua obra

Para quem deseja publicar a sua obra, buscando uma colocação no mercado editorial, desde que tenha expertise sobre o assunto abordado e que seja aprovado pela equipe editorial da Editora Leader.

■ Autor Acadêmico

Ótima opção para quem deseja publicar seu trabalho acadêmico. A Editora Leader faz toda a estruturação do texto, adequando o material ao livro, visando sempre seu público e objetivos.

■ Coautor Convidado

Você pode ser um coautor em uma de nossas obras, nos mais variados segmentos do mercado profissional, e ter o reconhecimento na sua área de atuação, fazendo parte de uma equipe de profissionais que escrevem sobre suas experiências e eternizam suas histórias. A Leader convida-o a compartilhar seu conhecimento com um público-alvo direcionado, além de lançá-lo como coautor em uma obra de circulação nacional.

■ Transforme sua apostila em livro

Se você tem uma apostila que utiliza para cursos, palestras ou aulas, tem em suas mãos praticamente o original de um livro. A equipe da Editora Leader faz toda a preparação de texto, adequando o que já é um sucesso para o mercado editorial, com uma linguagem prática e acessível. Seu público será multiplicado.

- **Biografia Empresarial**

Sua empresa faz história e a Editora Leader publica.

A Biografia Empresarial é um diferencial importante para fortalecer o relacionamento com o mercado. Oferecer ao cliente/leitor a história da empresa é uma maneira ímpar de evidenciar os valores da companhia e divulgar a marca.

- **Grupo de Coautores**

Já pensou em reunir um grupo de coautores dentro do seu segmento e convidá-los a dividir suas experiências e deixar seu legado em um livro? A Editora Leader oferece todo o suporte e direciona o trabalho para que o livro seja lançado e alcance o público certo, tornando-se sucesso no mercado editorial. Você pode ser o organizador da obra. Apresente sua ideia.

A Editora Leader transforma seu conteúdo e sua autoridade em livros.

OPORTUNIDADE
Seu legado começa aqui!

A Editora Leader, decidida a mudar o mercado e quebrar crenças no meio editorial, abre suas portas para os novos autores brasileiros, em concordância com sua missão, que é a descoberta de talentos no mercado.

NOSSA MISSÃO

Comprometimento com o resultado, excelência na prestação de serviços, ética, respeito e a busca constante da melhoria das relações humanas com o mundo corporativo e educacional. Oferecemos aos nossos autores a garantia de serviços com qualidade, compromisso e confiabilidade.

Publique com a Leader

- **PLANEJAMENTO** e estruturação de cada projeto, criando uma **ESTRATÉGIA** de **MARKETING** para cada segmento;

- **SUPORTE PARA O AUTOR** em sessões de videoconferência com **METODOLOGIA DIFERENCIADA** da **EDITORA LEADER**;

- **DISTRIBUIÇÃO** em todo o Brasil — parceria com as melhores livrarias;

- **PROFISSIONAIS QUALIFICADOS** e comprometidos com o autor;

- **SEGMENTOS:** Coaching | Constelação | Liderança | Gestão de Pessoas | Empreendedorismo | Direito | Psicologia Positiva | Marketing | Biografia | Psicologia | entre outros.